庫

都市への権利

アンリ・ルフェーヴル
森本和夫 訳

筑摩書房

都市への権利【目次】

まえがき　7
工業化と都市化　はじめの概観　9
哲学と都市　47
細分化された科学と都市現実　61
都市の哲学と都市計画的イデオロギー　66
都市の特殊性　都市と作品　71
連続と非連続　79
現実と分析との諸水準　90
都市と田舎　103
危機的な点の周辺において　109

都市的形式について　128
スペクトル分析　139
都市への権利　154
展望か前望か　179
哲学の実現　207
都市、都市的なるもの、およびに都市計画についてのテーゼ　211
訳者あとがき　219
文庫版解説　南後由和　226

都市への権利

Ｎ・Ｂに、われわれの友人たちに、われわれの出会いに

まえがき

「偉大なる事柄については、沈黙するか、あるいは、偉大さをもって、すなわち、臆面なく純真に語らなければならない……私は、われわれが現実的あるいは想像的な諸事物に付与したあらゆる美、あらゆる高貴さを、人間の特性、人間の所産として要求するであろう……」

フリードリッヒ・ニーチェ

この著作は、攻撃的な（おそらく、ある人々は無礼と判断するであろう）形態を持つであろう。なぜであろうか。

なぜなら、おそらく各々の読者は、すでに頭のなかに、体系化された、あるいは体系化の途上にある観念の総体を持っているであろうからである。おそらく、各々の読者は、ある《体系》を探しているか、あるいは自分の《体系》を見出しているかなのだ。「体系」は、思想においても、用語法や言葉づかいにおいても、流行しているのである。ところで、あらゆる体系は、考察を閉じ、地平を閉鎖する傾向を持っている。この著作は、諸々の体系を破砕することを望んでいる。それらに、ある他の体系を置きかえるためにではなく、地平や道を示すことによって、思惟や行動を諸々の可能性にむかって開くために……。形式主義へとむかう考察形態に対して、開放へとむかう思惟が闘いをすすめているのだ。

都市計画は、ほとんど体系と同じほど、流行している。都市計画的な問題や考察は、技術者や専門家や前衛たらんと欲する知識人たちの圏内からはみ出している。それらは、新聞記事とか、さまざまな射程やねらいを持った著作とかを通じて、一般大衆の領域に移行している。同時に、都市計画はイデオロギーとなり、実践となっている。しかも、それにもかかわらず、「都市」や都市現実に関する諸問題は、十分に識られ認識されてはいない。それらはまだ、思惟のなかで（イデオロギーのなかで）、そして実践のなかで（われわれはすでに実施され行動化されている都市戦略を示すであろう）持っている重要性や意味を、政治的に獲得してはいないのである。この小著は、ただたんに都市計画に関する諸々の思惟や活動を批判のふるいにかけることをもくろんでいるだけではない。それは、これらの問題を、意識のなかへ、政治的プログラムのなかへと入らせることをねらいとしているのである。

理論的・実践的状況について、都市とか都市生活の現実や可能性とかに関する諸問題（諸々の問題性）について、かつて《自由奔放な見方》と呼ばれた態度をとることから始めよう。

工業化と都市化　はじめの概観

《都市問題》を提示し説明するためには、あるひとつの出発点がぜひとも必要とされる。すなわち、工業化の過程である。異論の余地なく、この過程は、この一世紀半このかたの社会における変貌の動因なのだ。誘導するものと誘導されるものとを区別するならば、工業化の過程は誘導するものであり、誘導されるもののなかには、成長や計画化に関する諸問題、都市とか都市現実の発達とかに関する諸問題、そしてさらには、余暇とか《文化》に関する諸問題とかの増大する重要性などを数えることができるといえる。

工業化は、現代社会を特徴づけているのである。このことは、この社会を規定づけようとする場合に、《工業社会》という用語を不可避的に導くものではない。都市化とか都市的なるものの問題性とかは、誘導される結果のなかに入るものであって、誘導する原因あるいは理由のなかに入るものではないけれども、これらの言葉が指示している関心はきわめて強まっているものなので、われわれのまわりに生まれつつある社会的現実を都市社会として規定づけることができるのだ。この規定は、主要なものとなっている特徴をとらえているのである。

工業化は、われわれの時代についての考察の出発点を提供する。ところで、「都市」は工業化よりも先に存在する。このことは、それ自体としては平凡な指摘だが、そこに含まれる意味はいまだかつて十分に定式化されてはいない。最もすぐれた都市創造、都市生活の最も《美しい》作品（《美しい》といわれるのは、生産物であるよりもむしろ作品であるからなのだが）は、工業化以前の時代から始まっているのである。東洋的都市（アジア的生産様式に結びついた）、古代的都市（奴隷の所有に結びついたギリシャやローマの都市）、それから中世都市（複合的な状況のなかにある、すなわち、封建的諸関係のなかに組み込まれているが、地主的封建制にたいして闘っている）があった。東洋的・古代的都市は、本質的に政治的であった。中世都市は、政治的性格を失いはしなかったが、主として商業的、職人的、銀行的であった。それは、以前はほとんど都会の外に追いやられた流浪民であった商人たちを統合したのだ。

工業化が始まるとき、すなわち、特殊的に工業的なブルジョアジーとともに競争的な資本主義が生まれるとき、「都市」はすでに強力な現実を持っているのである。古代都市がほぼ消滅したあとで、西ヨーロッパでは、ローマ的なものの解体の途上において、「都市」はふたたび躍進を取りもどした。多かれ少なかれ放浪的な商人たちは、彼等の活動の中心として、古代の都市の中核の名残りを選んだ。逆に、これらの低落した中核が、巡回商人たちによって行なわれる交換経済の残滓にとって促進者の機能を果したと想定することができる。農業の増大する過剰生産物から出発して、封建的な人々の犠牲において、「都市」は、富を、すなわち、物資、財宝、潜在資本を、蓄積するのである。これらの都市的中心のなかには、すでに、高利貸や商業によって獲得された大きな金銭的富が存在する。そこでは、農業からははっきりと切り離された生産たる家内工業が栄える。都市は、農民共同体や農民解放を支えるのだが、またそれらをみずからのために利用しもする。つまり、それは、たんに富ばかりではなく、知識や技術や作品（芸術作品、記念建造物）が蓄積されるところの社会的・政治的生活の中心なのである。このような都市は、それ自身が作品なのであって、この性格は、金銭へ、商業へ、交換へ、生産物へとむかう不可逆的な方向づけとは対照をなしている。実際、作品は使用価値であり、生産物は交換価値なのである。都市の、すなわち街路や広場の、建物や記念建造物の卓越した用途、それは「祭り」（快楽や幻惑以外の利益なしに、物資や金銭における巨大な富を非生産的に消費するところの）なのである。

複合的な、すなわち矛盾的な現実だ。中世都市は、その発展の絶頂において、富を集中する。支配的な集団は、これらの富の大きな部分を、自分たちの支配する都市のなかへ非生産的に投資するのである。同時に、商業的・銀行的資本主義は、すでに、富を動的にし、交換回路とか、金銭の移動を可能ならしめる網の目とかを構成した。特殊なブルジョアジー（《企業家》たち）の優位性とともに工業化が始まろうとしているとき、富はすでに主として不動産であることをやめたのだ。農業生産はもはや支配的ではなく、土地所有ももはや支配的ではない。土地は封建的な人々から逃れて、商業や銀行や高利貸によって富を得た都市の資本家たちの手に移る。その結果として、《社会》は、その総体において、都市と田舎とそれらの関係を規制する諸制度を含みつつ、都市の網の目として構成される方向にむかうのである。そして、道路により、河川路や海路により、商業的・銀行的関係によって結び合わされたこれらの都市のあいだには、ある種の分業（技術的に、社会的に、政治的に）がある。都市間の分業は、安定した提携を定め、対抗や競争に終止符をうつにたるほどにまで押し進められもせず、意識的になりもしなかったと考えることができる。このような都市体系は、うちたてられるに至らなかったのである。この土台の上に建てられるもの、それは「国家」であり、集中された権力である。この特別な中心、権力の中心の原因にして結果として、あるひとつの都市が他の諸都市の上位に立つ。すなわち、首都である。

　このような過程は、イタリア、ドイツ、フランスおよびフランドル地方、イギリス、スペインにおいて、きわめて不平等に、きわめて異なったやり方で展開する。「都市」が支配するのであるが、しかしながら、それはもはや古代における「都市国家」のごとくにではない。三つの項が区別されている。すなわち、社会、「国家」、「都市」である。この都市体系においては、各々の都市はそれ自身、閉じられ、閉鎖され、完成された体系へと構成される傾向を持つ。都市は、共同体の有機体的な性格を保持している。それは、村落から由来するものであり、同業組合的組織のなかに姿をあらわす。共同体的生活（全般的あるいは部分的議会を保有している）は、なんら階級闘争を禁ずるものではない。その反対である。富と貧困とのあいだの激しい対照、権力者と被圧迫者とのあいだの葛藤は、「都市」への執着をも作品の美への活動的な貢献をも禁じはしない。都市の枠のなかにおいて、部分や集団や階級のあいだの闘争は、帰属の感情を強めるのである。《やせた民衆》、《ふとった民衆》、貴族政治あるいは寡頭政治のあいだの政治的対立は、「都市」を土俵とし、賭金としている。これらの集団は、自分たちの都市への愛において対抗しているのである。富や権力の所有者はどうかといえば、彼等は常に脅かされていると感じている。彼等は、彼等の財産、すなわち建物、土地、宮殿、装飾、祝宴などを豪勢に濫費することによって、共同体の前に彼等の特権を正当化する。きわめて抑圧的な社会は、きわめて創造的で、きわめて作品に富んでいるというこの逆説、十分に解明されていないこの歴史的事実を強調しておかねばならない。それから、とくに「都市」において、生産物の生産が、作品の生産やこれらの作品に結びついた社会関係の生産にとってかわった。搾取が抑圧にとってかわるとき、創造的能力は消滅する。《創造》という観念そのものが、《作る》とか《創造性》とか（「自分自身で作りなさい」など）のなかに矮小化されて、影がうすれ、あるいは退化する。このことは、つぎのようなテーゼを支える論拠をもたらすものである。都市や都市現実は使用価値に属する。交換価値、工業化による商品の一般化は、使用価値の避難所にして使用の潜在的支配や価値回復の萌芽たる都市や都市現実をおのれに従属せしめることによって、それらを破壊する傾向をもつ。

われわれが分析しようとつとめている都市体系のなかにおいては、特殊な葛藤の行動が行なわれている。すなわち、使用価値と交換価値とのあいだ、富の動産化（貨幣へ、紙へ）と都市への非生産的な投資とのあいだ、資本の蓄積と祭りのなかへのその濫費とのあいだ、支配されている領土の拡張と、支配する都市のまわりにおけるこの領土の厳格な組織化とのあいだの葛藤の行動が……。支配する都市は、銀行的・商業的資本主義の主導性を麻痺させる同業組合的組織によって、あらゆる偶発性にたいして身をまもっている。同業組合は、ただたんにあるひとつの職業を規制するだけではない。各々の同業組合的組織は、有機体的総体のなかに入る。同業組合体系は、都市空間（街路や地区）や都市時間（時間表、祭り）のなかにおける諸々の行為や活動の配分を規制するのである。この総体は、不動の構造へと凝固する傾向をもつ。その結果として、工業化は、この都市体系の決壊を前提とするということになる。それは、既製の構造の非構造化を含むのだ。歴史家たち（マルクス以来の）は、同業組合の凝固した性格を明らかにした。おそらく、都市体系全体の、一種の結晶化や固定化にむかう傾向を示すという仕事が残っている。この体系が強化されたところでは、資本主義や工業化の遅れがあった。すなわち、ドイツやイタリアである。この遅れには、さまざまの帰結がともなっている。

そんなわけで、新興の工業と、その歴史的条件とのあいだには、ある種の非連続があるのだ。それらは、同じ物でもなければ、同じ人間でもない。交換とか、貨幣経済とか、商業的生産とか、工業化から由来しようとしている《商品世界》とかの驚異的な拡張は、根柢的な変異を含んでいる。商業的・銀行的資本主義から、そしてまた職人的生産から、工業的生産へ、競争的資本主義への移行には、巨大な危機がともなっている。それは歴史家たちによって十分に研究されたものであるが、ただおそらく「都市」や《都市体系》に関することだけはまだ研究されていないのだ。

新興の工業は、都市の外側に根をおろす傾向をもつ。しかし、これは絶対的な法則ではない。いかなる法則も、完全に一般的で絶対的ではないのだ。最初は散発的で散在的なこの工業的企業の根おろしは、さまざまな局地的・地方的・民族的な状況に左右された。たとえば、印刷業は、都市の枠のなかで、相対的に連続的なやり方で、職人的段階から企業の段階へと移行したように思われる。織物業や鉱山の採掘や冶金術については、それとは異なっている。新興の工業は、エネルギー源（川、木材、それから石炭）とか、輸送手段（河川や運河、それから鉄道）とか、原料（鉱石）とか、労働力の貯え（農民的職人階級や織工や鍛冶屋が、すでに熟練した労働力を提供していた）とかの近くに居を定める。
このような状況の結果として、今日なおフランスにおいて、多数の織物業の小中心地（ノルマンディー渓谷、ヴォージュ渓谷など）が存在するのであるが、それらは時として困難な生き残り方をしている。巨大な冶金工業の一部分が、ラ・モゼル渓谷のなかで、この工業地帯の真の都市的中心たるナンシーとメッツというふたつの古い都市のあいだに建設されたということは、注目すべきことではなかろうか？

同時に、古い都市は、市場であり、動かしうる資本の源であり、これらの資本が管理される場所（銀行）であり、経済的・政治的支配者たちの住居であり、労働力の貯蔵所（すなわち、マルクスの言葉をかりれば、賃金を圧迫し、剰余価値の増大を可能ならしめる《プロレタリアートの予備軍》が存続することのできる場所）である。それに、「都市」は、仕事場のように、諸々の生産手段、すなわち道具や原料や労働力の、狭い空間への集中を可能ならしめる。

都市の外側への根おろしは《企業家》たちにとって満足できるものではないので、工業は、それが可能になるやいなや、都市的中心へと近づく。逆に、工業化以前の都市は、過程を速める（とくに、生産性の急速な増大を可能ならしめる）。そんなわけで、「都市」はtake off（ロストー）〔ロストーは経済成長段階理論で知られるアメリカの経済学者。一九一六―二〇〇三。take offは「離陸段階」と訳され、伝統的社会、過渡的社会に続き、成熟段階、高度大衆消費段階に先立つ資本主義経済の基礎確立期をさす〕のなかで、すなわち、工業の解纜のなかで、重要な役割を演じたのである。都市の集中化が、マルクスの意味における資本の集中化にともなったのだ。そのときから、工業は、それ自身の都市的中心、あるときけ小さく（ル・クルーゾ）あるときは中くらいで（サン・テティエンヌ）ときとしては巨大な《集合都市》とみなされるルール地方）工業的都市や人口密集地帯を生み出さねばならなかったのである。これらの都市における中心性や都市的性格の毀損については、あらためて述べねばなるまい。

いまや、過程は、その全複雑性において、分析のまえに姿をあらわしている。それは、《工業化》という言葉によって十分につくされるものではない。この複雑性は、一方においては企業の言葉で、そして他方においては生産の総体的な数字（何トンの石炭や鋼鉄）で考えることをやめるやいなや——誘導と誘導されるものとを区別しながら、誘導される現象の重要性と誘導するものにたいするそれらの現象の相互作用とを観察しながら考察するやいなや——姿をあらわすのである。

工業化は、古い都市（前工業的、前資本主義的）なしにすますことができるが、それは、そこでは都市的性格が毀損されるような人口密集地帯を構成することによってである。合衆国や北アメリカにおける諸事例がそれではあるまいか。そこでは、フランスやヨーロッパでいわれているような意味における《都市》はきわめて少ないのだ。すなわち、ニューヨーク、モントリオール、サンフランシスコなどである。しかしながら、古い都市の網の目があらかじめ存在しているところでは、工業はそれに襲いかかる。工業は網の目を奪い取り、それを自分の必要に応じて手直しする。工業はまた「都市」を（各々の都市を）攻撃し、それに襲撃をかけ、それを奪取し、それを劫掠する。工業は、古い中核を手中に収めつつ、それを破壊しようとする。このことは、都市や人口密集地帯、労働者街、郊外（工業化が働かせうる労働力を占有し固定することに成功しなかったところでは、掘立小屋部落のおまけつきの）といった都市的現象の拡張を妨げるものではない。

われわれは、われわれの前に、二重の過程、あるいはこういった方がよければ、ふたつの様相をもった過程をもっている。すなわち、工業化と都市化、成長と発展、経済的生産と社会的生活である。この過程のふたつの《様相》は、切り離すことのできないもので、一体性をもっているのだが、しかもそれにもかかわらず過程は葛藤的なのである。歴史的には、都市的現実と工業的現実とのあいだに激しい衝突がある。過程の複雑性はどうかといえば、それは、工業化がたんに企業（労働者と企業主）を生み出すばかりではなく、さまざまな事務所、つまり銀行的・金融的中心、技術的・政治的中心をも生み出すのであるだけに、ますます捉え難いものとして姿をあらわしている。

この弁証法的な過程は、まるで解明されていないものだが、またとても終結しているとはいえないものである。それは、今日なお《問題的》な状況を引き起している。ここでは、いくつかの例をあげるだけで満足してもらいたい。ヴェネツィアでは、活動的な人口が、それに接している大陸上の工業的人口密集地たるメストレにむかって都市を去っている。前工業時代から伝えられた最も美しい都市のひとつであるこの都市のなかの都市は、海とか土地の沈下とかによる物質的毀損によってよりも、むしろ住民の流出によって脅かされているのである。アテネでは、かなり進んだ工業化が、小都市の人々や農民たちを首都へと引き寄せた。現代のアテネは、もはや、ふたたび覆われ呑み込まれて法外に広がっている古代都市とは、なんら共通点をもっていない。古代ギリシャを再発見することを許してくれる記念建造物や遺跡（アゴラ、アクロポリス）は、もはや審美的巡礼や観光旅行的消費の場所をしか表わしていない。とはいうものの、都市の組織体的中核は、依然としてきわめて強い。根なし草の非組織化された人々の住んでいる新開地域や半掘立て小屋部落からなるその周辺は、それに途方もない力を付与する。ほとんどまとまりのない巨大な人口密集地帯は、決定の中心の所有者たちに、最悪の政治的企てを可能ならしめる。この国の経済が、土地投機、この方途による資本の《創造》、これらの資本の建設業への投資、以下同様といった回路に緊密に依拠しているだけに、なおさらそうなのである。これは、つねに断ち切られうる脆弱な回路であって、工業化なしの、あるいは脆弱な工業化ではあるが、人口密集地帯の急速な拡張とか土地や不動産にたいする投機とか回路によって人工的に維持される繁栄とかをともなう工業化による都市化の型を規定するものである。

フランスにおいては、グルノーブル、ダンケルクなど、近年、工業化によって呑み込まれた多くの都市を挙げることができよう。ほかの場合には、ほとんど工業化なしに、都市の巨大な拡張や都市化（この言葉の広い意味において）が存在する。トゥールーズの場合がそれであろう。掘立て小屋部落の囲繞によって取りかこまれた南アメリカやアフリカの都市の一般的な場合も、それであろう。これらの地方や国においては、古い農地構造が解体し、所有地をなくしたり破産したりした農民たちが、仕事や生活手段を見出すために都市にむかって流れ込む。ところで、これらの農民たちは、世界的な価格の動きによって消滅の運命に見舞われている作業場からやって来るのであるが、この世界的な価格は国とか工業的《成長の極》とかに緊密に依拠しているのである。これらの現象はまた工業化に依拠している。

　そんなわけで、現在、都市の《内破＝外破》と呼ぶことのできる被誘導的過程が深化しているのである。都市的現象は、大工業国においては、領土の大きな部分に拡がっている。それは、気楽に国境を越える。「北ヨーロッパ巨大都市《メガロポリス》」は、ルール地方から海へ、そしてさらにイギリスの諸都市にまで及び、パリ地方からスカンジナヴィア諸国にいたるのである。この領土は、局地的差異づけや、地方とか人口密集地帯とか都市とかへの分業（技術的、社会的）の拡張をともないつつも、ますます緊密な都市の織り目のなかへと閉じ込められる。同時に、この織り目のなかで、そしてさらにほかのところでさえも、都市的集中化は巨大なものになる。人口は、憂慮すべき密度（面積あるいは住居の単位あたり）に達しつつ累積される。また同時に、多くの古い都市的中核が毀損され、あるいは破砕する。人々は、居住的あるいは生産的な遠隔の周辺へと移動する。都市の中心では、事務所が住居にとってかわる。ときとしては（合衆国において）、これらの中心は《貧民》たちに委ねられ、恵まれない人々のためのゲットーとなる。ときとしては、その反対に、最も楽な暮しの人々が都市の中枢で強い立場を保持する（ニューヨークにおけるセントラル・パークの周囲、パリにおけるマレー地区）。

ここで、都市の織り目を検討しよう。この比喩は明瞭ではない。領土の上へ投げかけられた織り目というよりは、むしろこの言葉は、一種の生物学的繁殖をさし、部落や村、あるいは地方全体などといった多かれ少なかれ広い分域を逃れさせた一種の不揃いな編目の網をさしている。田舎や古い農地構造から出発して諸現象を展望のなかにおさめるならば、集中化の一般的運動を、すなわち、町や大小の都市における人口の——所有と搾取の——運搬や商業的交換の組織化などの集中化の運動を分析することができる。このことは、家内工業とか局地的な小商業とかいった古い農民的生活をなしていたものを失いつつも依然として田舎的である村々の人口減少にと同時に《非農民化》にも到達する。古い《生活様式》は、民話のなかへと落ち込むのである。都市から出発して現象を分析するならば、ただたんに激しく人口の増えた周辺地域の拡張ばかりではなく、網の目（銀行的、商業的、工業的）や住居（別荘、余暇のための空間や場所など）の拡張が観察される。

都市の織り目というものは、ひとつの都市あるいは新旧さまざまないくつかの都市のまわりに構成される整合的な統一体たる生態体系（œcosystème）という概念を用いて記述されることができる。しかし、そのような記述は、本質的なものを逃がすおそれがある。実際、《都市の織り目》の関心は、その形態学に限定されはしないのである。都市の織り目は、多かれ少なかれ強烈あるいは低劣な《生き方》の支え、すなわち都市社会なのだ。《都市の織り目》の経済的土台の上に、別の水準、すなわち社会的《文化的》生活の水準における別の種類の諸現象があらわれる。都市の織り目に支えられて、都市的な社会や生活が、田舎へと浸透する。そのような生き方は、物資の諸体系や、価値の諸体系を内包している。物資の都市的体系の諸要素のなかで最も知られているのは、水、電気、ガス（田舎ではブタン）であり、それにまた車やテレビやプラスチック製の道具や《近代的《モダン》》な家具も必要だ。このことは、《サービス業》に関しては新しい要求を含んでいる。価値の体系の諸要素のなかでは、都市的なやり方における余暇（ダンス、歌）、衣裳、都市から来る流行の急速な採用を指摘しよう。そしてまた、安全についての顧慮、未来に関する予見の要求、要するに都市によって拡められる合理性。一般に、年齢集団たる青年層が、このような都市からやってくる諸々の事物や表象の急速な同化に活発に貢献する。これらは、社会学的には陳腐な事柄であるが、それらに含まれる意味を示すために注意を喚起しておくことが必要なのだ。都市の織り目の編目のあいだに、《純粋な》田舎性の小島や島が、しばしば貧困で（つねにそうとは限らないが）、老化する農民の住む、うまく《適応》しなかった、最も大きな悲惨や抑圧の時代の農民生産の高貴さをなしていたものをもぎ取られた土地が存続する。そんなわけで、《都市性＝田舎性》という関係は消滅しはしない。その反対に、この関係は強化される。そして、このことは、最も工業化された国々においてまでも見られるのである。この関係は、都市と田舎、自然と人工などといった他の表象、他の現実的関係と干渉し合う。ここあるいはかしこにおいて、緊張は葛藤となり、潜在的葛藤は激化する。そのとき、《都市の織り目》の下に隠されていたものが、白日のもとに姿をあらわすのである。

他方、都市的中核は、浸透する織り目によって浸蝕され、あるいはその横糸へと統合されつつも、消滅しはしない。これらの中核は、変貌しつつ抵抗するのである。それらは強烈な都市生活の中心であり続ける（パリにおけるカルチエ・ラタン）。これらの古い中核の審美的性質は、それらの維持に大きな役割を演ずる。これらの中核は、たんに諸々の記念建造物や諸機関の本拠ばかりではなく、また祭りや行列や散歩や享楽に適した空間を含んでいるのである。このようにして、都市的中核は、外国人や観光客や周辺から来る人々や郊外に住む人々にとって、高度な質の消費の産物となる。それは、消費の場所と場所の消費という二重の役割のおかげで生きのびる。かくて、諸々の古い中心は、特定の活動に捧げられる空間のゆえに使用価値であり続けつつ、しかもより完全に交換や交換価値のなかに入るのである。それらは消費の中心となる。商業的中心の建築的・都市的再現は、同時に商業的でもあり宗教的でもあり知的でもあり政治的でもあり経済的（生産的）でもあった古い都市の中核が示していたものの無味乾燥にされ毀損された変形物を与えるものでしかない。商業的中心という観念やイメージは、事実上、中世から始まっている。それは、中世の小都市や中都市に対応しているのだ。けれども、こんにち、そこでは交換価値が使用とか使用価値とかにたいしてきわめて優位を占めていて、ほとんど前者が後者を抹殺しているほどである。ともかく、この観念にはなんら独創的なところはないのだ。われわれの時代、その諸傾向、その地平（脅威的な）に対応する創造物、それは決定の中心ではあるまいか。形成《フォルマシオン》と情報《アンフォルマシオン》、組織とか制度的決定とかの諸能力を結合するこの中心は、新しい中心、すなわち権力の中心の実現についての進行中の企てとして現われる。この概念に、そして、それが表わし正当化する実践にこそ、最大の注意を向けなければならない。

そんなわけで、事実上、われわれの前には、複雑な関係にあるいくつかの項（少なくとも三つ）が現われているのだ。それらは、ひとつひとつつき合わせることによって規定することができるものだが、しかし、これらのつき合わせによって尽されはしない。田舎性と都市性（都市生活）とがある。この《都市性》の担い手たる都市の織り目と、古い、更新された、新しい中心とがある。そこから、憂慮すべき問題性が生ずる。とくに、分析から綜合へ、確認から企てへ《規範的》なるものへ）と移行しようとするときには、そうである。織り目を自然発生的に増殖するがままに放置しなければならない（しかし、この言葉は何を意味するのか？）であろうか。この力を捕え、この野牛的であると同時に人工的な奇妙な生命を方向づけるべきであろうか。どのようにして中心を強化すべきか。それは役に立つであろうか。それは必要であろうか。そして、いかなる中心、いかなる中心性なのか。最後に、島や田舎性はどうするべきなのか。

　かくて、個別的な諸問題と問題性の総体を通じて、都市の危機が瞥見される。それは、理論的かつ実践的な危機である。理論においては、都市（都市現実）という概念は、諸々の事実、古い都市（前工業的、前資本主義的）から借用されたものだが、変形と新たな精錬の途上にある諸々の表象やイメージから組立てられている。実践においては、都市的中核（都市のイメージや概念の本質的部分）は、めりめり音をたてているが、それでもなお維持されている。乗り越えられ、しばしば毀損され、ときとしては腐朽しつつも、都市的中核は消滅しはしない。たとえ何者かがその終焉とか織り目のなかへのその吸収とかを宣言するとしても、それはひとつの仮定であり、証拠なしの主張である。同様に、たとえ何者かが都市的中核の再建あるいは再構成の緊急性を宣言するとしても、これまたひとつの仮定であり、証明なしの主張である。都市的中核は、村が都市を生まれさせたように、はっきりと規定された新しい《現実》へと場所をゆずりはしなかったのだ。しかも、それにもかかわらず、その支配は終りつつあるように思われる。それが、権力の中心として、さらに強力にみずからを肯定しないかぎりは……。

われわれは今日までに、工業化による都市の襲撃を示し、総体的に考えられたこの過程の劇的な絵図を描き上げた。このような分析の試みは、意図なく意志なき自然的な過程が問題になっているのだと信じ込ませることがありうるかもしれない。ところで、たしかになにかそのようなものは存在するのだが、しかも、それにもかかわらず、このような見方は肝心な点の欠けたものであろう。そのような過程のなかには、資本（生産手段）を所有し、たんに資本の経済的使用や生産的投資を管理するのみならず、さらに芸術とか認識とかイデオロギーとかいった《文化》のなかで生産された富の一部分の使用によって社会全体をも管理する支配的な階級あるいは階級の分派が、活発に意志的に介入するのである。支配する社会集団（階級や階級の分派）の傍に、あるいはむしろその正面に、労働者階級が、すなわち、工業の部門とか局地的・民族的な伝統とかに応じて、それ自身、さまざまな階層や部分的集団や多様な傾向へと分けられたプロレタリアートが存在する。

十九世紀中葉のパリにおける状況は、ほぼ次のようなものである。不均質な階級である支配的ブルジョアジーが、力ずくで首都を征服した。革命前の貴族的地区（西へむかって流されるという首都や富裕な人々の傾向にもかかわらず）であり、庭園と個人邸宅の地区であるマレー地区が、今日なおそれをはっきりと見てとれるやり方で示している。第三身分が、バルザックの時代のあいだに、何十年かで、それを手中におさめる。いくつかの壮麗な邸宅が姿を消す。仕事場や店舗が他の邸宅を占拠する。貸家、商店や置場や倉庫、企業などが、公園や庭園にとってかわる。ブルジョア的な不体裁さとか、街のなかで目に見え読み取れる勝ち誇った粗雑さとかが、いささか冷たい美や貴族的な豪奢のかわりに身を落着ける。マレー地区の壁の上には、階級闘争や階級間の憎悪とか、勝ち誇った卑俗さとかが読み取れるのである。部分的にはマルクスの目をも逃れているこの歴史の逆説を、これ以上よく感じ取れるようにすることは不可能だ。経済的成長の任務を引き受け、この合理的成長に適したイデオロギー的道具を身につけて、民主主義へと赴き、抑圧を搾取によって置きかえる《進歩主義的》ブルジョアジーというこの階級は、そのような階級であるかぎりにおいて、もはや創造しない。この階級は、作品を生産物によって置きかえるのである。作品の感覚を保持している人々は、小説家や画家をふくめて、自分を《非ブルジョア》と考え、そう感ずる。抑圧者たち、ブルジョア民主主義以前の社会の主人たち——諸侯、王、領主、皇帝たち——はどうかといえば、彼等は、作品の感覚と趣味をもっていた。とくに、建築や都市計画の分野においてはそうであった。実際、作品というものは、交換価値によりは使用価値に属するものなのである。

一八四八年以後、フランスのブルジョアジーは、都市（パリ）の上にしっかりと腰をおろして、そこで自分の行動の手段を、国有銀行を所有する。ただたんに住居を所有するばかりではないのである。ところで、このブルジョアジーは、自分が労働者階級によって包囲されていることを理解している。農民たちが押し寄せて、《柵》、門、直接的な周辺のまわりに居を定める。古い労働者たち（職人的な職業のなかにいる）や新しいプロレタリアたちが、都市の中枢部まで入り込んでくる。彼等は、あばら屋に住むが、また貸家にも住むのであって、そこでは暮しの楽な人々は下の方の階を占め、労働者たちは上の方の階を占めるのである。このような《無秩序》のなかで、労働者たちは成上り者たちを脅かす。これは、一八四八年の六月事件によって明白になり、コミューンによって確証されることになる危険である。そこで、その現実や独自の生命を考慮に入れることなしに、都市の模様がえをねらう階級戦略が練られる。パリの生命が、すなわち《パリ生活》ではなくて、首都の都市的生命が最大の強度に到達するのは、一八四八年とオスマン〔ナポレオン三世治下、オスマン男爵の指導によるパリの大改造をさす〕とのあいだなのである。パリの生命は、そのとき、力と巨大な規模とをもって、文学のなか、詩のなかへ入る。それから、それはおしまいになる。都市の生命は、出会い、相違の対照、「都市」のなかに共存しているさまざまな生き方や《パターン》の相互的認識や再認識（イデオロギー的・政治的対決のなかにおけるものを含む）を前提とするものである。十九世紀のあいだに、革命家たちを活気づけたイデオロギーを有する農民的な起源の民主主義が、都市的民主主義へと変貌することができたかもしれないのだ。これが、歴史にとってコミューンの意味であったし、今もなおそうである。都市的民主主義が新しい支配階級の特権を脅かしていたので、この支配階級は、その民主主義が生まれるのを妨げた。どのようにしてか？　都市の中心から、そして都市そのものからプロレタリアートを排除することによって、《都市性》を破壊することによってである。

　第一場――社会を臆面もなく権力のための闘争の獲物（たんに賭金ではなく）として扱うために社会の上方へとのし上るあのボナパルティズム的な国家の政治家たるオスマン男爵は、曲りくねってはいるが生き生きした街路にかえるに長い並木道をもってし、汚れてはいるが活気のある地区にかえるにブルジョア化された地区をもってするのである。彼が大通りを通し、空地を整えるとしても、それは、眺望の美のためではない。それは、「機関銃でパリを梳《くしけず》る」（バンジャマン・ペレ〔シュールレアリスムの詩人。一八九九―一九五九〕）ためなのだ。高名なる男爵は、そのことを秘密にしてはいない。後に、オスマンは、パリを交通へと開いたことによって感謝されることになるが、それはオスマンの《都市計画》の狙いや目的ではなかったのである。空地にはひとつの意味がある。すなわち、空地は、それを整える国家の栄光と力、そこに展開されうる暴力を声高に強力に告げるのである。後になって、都市の生命への深い切傷をほかのやり方で正当化する別の目的にむかっての移転が施行される。オスマンが彼の狙いに到達しなかったということは注目に値することである。パリ・コミューン（一八七一年）の意味のひとつは、場末の周辺へと投げ返されていた労働者たちが都市の中心へ大挙して帰来したことであり、彼等から奪い取られていた財貨のなかの財貨であり価値であり作品である「都市」をふたたび征服したことであった。

第二場——戦略的な狙いは、はるかに広汎で、より重大な結果をもつ操作によって達成されねばならなかった。この世紀の後半に、影響力ある人々、すなわち富裕あるいは有力あるいは同時にその両方である人々、あるときは大いに宗教（カトリックあるいはプロテスタント）的な色彩をおびたイデオローグたち（ル・プレイ〔一八六七年のパリ万国博覧会を組織した技師で、経済学者。一八〇六―一八八二〕、あるときは、思慮深い（中道右派に属する）が単一の整合的な集団を構成していない政治家たち、要するに何人かの名士たちが、ひとつの新しい観念を発見する。第三共和国が、その栄えを、すなわち地所の上への実現を保証することになる。彼等は、居住地を考え出すのである。従来は、《居住すること》ということは、社会生活に参与することであり、村なり都市なりの共同体に参与することであった。都市生活は、なによりもまずこの特質、この属性を所有していたのである。都市生活は、居住するところを与え、都民＝市民にたいして、居住することを可能ならしめていた。まさにそんなわけで、「人間は、土地を救うとき、神々を待つとき、……おのれの存在を保存と慣習のなかへと導くときに居住するのである……。」哲学者ハイデッガーは、詩人としてこのように語っている（『エッセーと講演』）。哲学や詩の外側で、同じ事柄が社会学的に（世間の散文の言葉づかいで）語られた。十九世紀の末に、「名士」たちは、ひとつの機能を孤立化させ、それを「都市」がそうであったし今もなおそうである高度に複雑な総体から切り離して、その機能を地所の上へ投射する。しかも、彼等は、自分たちがイデオロギーと実践とを提供する社会を、このようなやり方で明示し意義づけるのである。なるほど、郊外は、工業化の盲目的な（動機づけられ、方向づけられてはいるけれども）推力とか、《田舎の流出》によって都市の中心へと導かれる農民たちの大量の到来とかにたいして答えるために、状況の圧力によって創り出されたものである。それにしても、この過程が、ある戦略によって方向づけられていたことにはなんらかわりはない。

典型的な階級戦略、それは唯一の目標をもった一斉の計画的な一連の行為を意味するであろうか。そうではない。階級的な性格は、いくつかの目標に向けられたいくつかの一斉の行動が、それにもかかわらずある窮極的な結果へとむかって収斂すればするほど、よけいに深くなるように思われるのだ。これらの「名士」たちが、投機に途を開こうと意図したのでないことはいうまでもない。善意の人間であり、博愛家であり、人間主義者である彼等のなかのある者は、その反対を願いさえしたように思われる。それにしても、彼等が「都市」のまわりに、土地的な富の動員とか、無制限の交換や交換価値のなかへの土地や住宅の引き入れとかを拡大したということにはなんらかわりはない。それには、投機的な意味がともなっているのである。彼等は、労働者階級を消沈させようとしたのではなく、反対に向上させようと意図したのだ。彼等は、労働者（個人および家族）たちを、企業のなかで支配している階層、所有権と所有者の階層、家と地区の階層とはまったく別の階層のなかに引き入れることが望ましいと考えたのである。彼等は、労働者たちにたいして、賃金生産者という自分に結びついているのとは別の機能、別の格位、別の役割を付与しようとしたのである。彼等は、このようにして、それらの階層に、労働の生活よりは上等の日常生活を与えることを主張したのだ。このようにして、彼等は、居住地によって、所有権への到達を考えたわけである。これは見事に成功した作業であった（その政治的帰結は、かならずしも推進者たちが当てにしていたものではなかったけれども）。ともかく、予見されたものであれ不測のものであれ、意識的なものであれ無意識的なものであれ、ある結果に到達したことは事実なのだ。社会は、イデオロギー的にも実践的にも、生産の問題以外の問題にむかって方向づけられるのである。社会意識は徐々に生産に準拠することをやめて、日常性のまわり、消費のまわりに集まる。《郊外化》とともに、「都市」を非中心化するひとつの過程が動き出す。「都市」から隔離されて、プロレタリアートは、作品の感覚を喪失しつくすことになる。生産の場所から隔離され、居住地の地帯から出発して、ばらばらの企業のために使用されうる状態におかれたプロレタリアートは、その意識のなかにおいて、創造的な能力を衰弱するがままに放置することになる。都市意識は消え失せてゆくのである。

郊外の創造とともに、フランスでは、「都市」に敵対する執拗な都市計画的思想が登場する。奇妙な逆説である。第三共和制のもとで、十年ばかりのあいだに、一戸建ての郊外や地所区画を正当づけ規則づけるいくつかの文書が現われるのだ。都市のまわりには、非都市化されていて、しかもそれにもかかわらず「都市」に依拠している周辺地域が据えられる。実際、《郊外人》とか《一戸建ての住民》たちは、たとえ都市人の意識を失って、自分が自然や太陽や草木の緑に近いと思っているとしても、都市人であることをやめるわけではないのだ。逆説を強調するならば、非都市化し非都市化される都市化ということができよう。

この拡張は、その行き過ぎのために、みずからブレーキをかけることになる。この拡張によって開始された運動は、ブルジョアジーや富裕層を引き込む。これらの層が、住宅的郊外を設置するのである。都市の中心は、事務所のために空っぽになる。そこで、総体は紛糾状態のなかでもがきはじめる。

第三場――このまえの戦争以後、各人は、さまざまな緊急事態に応じて、人口統計学的推力、工業化の推力、地方人のパリへの流出などといった多様な強制力に応じて、場景が変わりつつあるということを感じている。認められ、確かめられている住宅危機は、破局へとむかい、なお不安定な政治的状況を深刻化させるおそれがある。《緊急事態》は、資本主義や《私的》企業の発意をはみ出しており、しかも《私的》企業は儲けが不十分と判断される建設には興味を示さないのだ。国家はもはや、地所区画や一戸建て建設を規制することや、不動産投機にたいして（下手に）たたかうことで満足することができない。仲介的な諸機関を通じて、国家が住宅の建設を引きうけている。《新しい団地》や《新しい都市》の時代が始まっているのだ。

公的機能はかつて市場経済のなかに入っていったものを奪い取るということができるかもしれない。なるほど、そうだ。けれども、だからといって、住宅は公的事業となってはいないのである。住宅への権利は、いわば社会意識のなかで浮き沈みしている。その権利は、劇的な事例によって惹き起される憤激とか、危機によって醸成される不満足とかにおいて、事実上おのれの姿を認めさせているのである。しかしながら、その権利は、《人間の権利》の付録として以外は、形式的にも実際的にも認められていない。国家によって引きうけられた建設は、市場経済によって採用された方向づけや考え方を変えはしないのである。エンゲルスが予見したように、住宅問題は、たとえ深刻化したとしても、政治的には小さな役割をしか果さなかった。左翼の諸集団や諸政党は、《より多くの住宅》を要求することで満足するであろう。他方、公的および半公的な諸機関の発意を導いているのは、都市計画的な思想ではなくて、たんにできるだけ早く最も少ない費用でできるだけ多くの住宅を提供しようという企図なのである。新しい団地は、機能的で抽象的な性格を刻印されることになる。それは、国家の官僚制度によって純粋形態にまでもたらされた居住地の概念なのだ。
居住地というこの概念は、依然として《不確実》なままにとどまっている。一戸建ては、異種を、すなわち居住地についての特殊的あるいは個人的な解釈を許していた。一種の可塑性が、変形や同化を許していたのである。一戸建ての空間――柵、庭、使用しうる多様な隅々――は、制限つきではあるが現実的な発意や自由の余白を、居住することへと委ねていたのだ。国家的合理性は、行きつくところまで行く。新しい団地において、強制の絶頂たる純粋状態の居住地が創設されるのである。ある種の哲学者ならば、団地とは、居住すること、すなわち空間の可塑性、その空間の造形、集団や個人による自分たちの生存条件の同化などを排除して、居住地という概念を現実化するものであるというかもしれない。そしてまた、まさに完全な日常性、諸々の機能、処方、融通のきかない時間割などといったものが、この居住地のなかにおいて記入され意義づけられるのである。

一戸建ての居住地は、建物の建っている地域を無秩序なやり方で拡大しつつ、パリのまわりの郊外の町村に増殖した。都市的であると同時に非都市的でもあるこの成長の唯一の法則、それは、地所にたいする投機である。空地なきこの成長によって残された隙間は、団地によって埋められた。団地住宅《アパルトマン》が共同所有権の対象となったとき、うまく抑えられなかった地所にたいする投機に、団地住宅にたいする投機が加わった。このようにして、諸々の制限はなくなって、住居が不動産的な富のなかに入り、都市の土地が交換価値のなかに入るという過程が進行したのである。

もしも都市現実というものを、中心にたいする依存として規定づけるならば、郊外は都市的である。もしも都市的な秩序というものを、中心と周辺とのあいだの感じ取れる（読み取れる）関係として規定づけるならば、郊外は非都市化されている。そして、団地の《都市計画的思惟》は、都市や都市的なるものを根絶するために、それらのものにたいして文字通り食いついたということができる。通りとか広場とか記念建造物とか出会いの空間とかいった、あらゆる感じ取れる（読み取れる）都市現実は姿を消した。喫茶店（酒場）にいたるまで、《団地主義者》たちの怨恨や、彼等の禁欲主義の好みや、彼等の居住することの居住地への還元などを煽り立てなかったものはないのである。再建の要求が現われるためには、彼等が、感覚でとらえうる都市現実の破壊の行きつくところまで行くことが必要であった。そのとき、喫茶店や商業的中心や通りや文化的と称される施設、要するに都市現実のいくつかの要素が、ふたたびおどおどとゆっくり現われるのが見られたのだ。

そんなわけで、都市的秩序は、一戸建てと団地というふたつの時間へと分解する。けれども、地所の上に感じ取られ読み取られる意義づけられた秩序なくしては、社会は存在しない。郊外の無秩序は、ある秩序を隠しているのだ。それは、たちどころに目につく一戸建て地帯と団地との対立である。この対立は、非都市化のなかにおいてまでもなお都市的な意義の体系を構成することへとむかう。それぞれの地帯は、他方に対抗して、他方との関係によって規定される（住民たちの意識のなかで、その意識によって）。住民たちは、自分たちの地帯に内在する秩序についてはほとんど意識をもたず、ただ団地の人々は自分たちを一戸建ての住民でないものとして眺め、感じ取るのである。そしてまたその逆でもある。対立のただなかにおいて、団地の人々は居住地の論理のなかに身を据え、一戸建ての人々は居住地の想像的なるもののなかに身を据える。一方には、空間の合理的（外見上）組織があり、他方には、不健康で劣悪な都市を離れて、夢や自然や健康の現存があるのだ。けれども、居住地の論理は、想像的なるものとの関係においてしか感じ取られず、想像的なるものは論理との関係においてしか感じ取られない。人々は、自分に欠けているもの、あるいは欠けていると思っているものによって、自分の姿を自分自身にたいして描くのである。この関係において、想像的なるものの方が、より多くの力をもっている。それは、論理を重層的決定するのである。居住するという事実は、一方においても他方においても、一戸建てへの参照によって感じ取られる（一戸建ての人々は空間の論理の不在を残念がり、団地の人々は一戸建ての喜びを知らないことを残念がっているのだから）。そこから、アンケートの驚くべき結果が由来する。大多数の人々が団地に《満足》していると断言していながら、フランス人の八十パーセント以上は一戸建ての住宅をほしがっているのだ。この結果は、ここでは重要ではない。ただ、一方においても他方においても、都市とか都市現実とかの意識は、消滅するにいたるほど、衰弱しているということを強調しておくべきである。それに、都市の実際的および理論的(イデオロギー的)な破壊は、巨大な空虚を残さないわけにはいかない。ますます解決しがたいものになっている行政的その他の諸問題のことは別にしても……。批判的分析のためには、空虚よりも、都市の終焉とか、切断され毀損されてはいるが現実的な都市社会の拡張とかによって特徴づけられる葛藤的状況の方が、より重要である。郊外は、統一性にして同時性として創られたものの諸要素のあいだの分離や分裂の帝国たる解体された形態学のなかにおいて、都市的である。

このような展望のなかにおいて、批判的分析は、三つの時期(さきに粗描した三つの場面への都市の劇の切断と正確に合致しはしない)を区別することができる。

第一の時期——工業や工業化の過程は、先在する都市現実を襲撃し劫掠して、ついには実践とイデオロギーによってそれを破壊し、それを現実からも意識からも根絶するにまで至る。階級戦略にしたがって進められて、工業化は、都市現実の否定的な力として働く。都市社会は、工業的経済性によって否定されるのである。

第二の時期(部分的に第一の時期にかさなる)——都市化が拡がる。都市社会が一般化する。都市現実は、その破壊そのもののなかで、その破壊そのものによって、社会=経済学的な現実として、おのれを認識させる。もしも都市とか中心とかが欠如していれば、すなわち、生産と消費の計画的組織のための本質的装置が消滅したならば、社会全体は解体するおそれがあるということが発見される。

第三の時期――都市現実が、再発見あるいは再発明される（実践や思想のなかにおけるその破壊に悩みつつ）。階級戦略は姿を消したのであろうか。それは確実ではない。階級戦略は形を変えたのである。それは、古い中心に、そして中心の解体に、決定の中心を置きかえる。

このようにして、都市計画的考察が生まれ、あるいは再生する。それは、考察なしの都市計画のあとをおそうのである。王とか諸侯とかいったかつての主人たちは、彼等の都市を美しくするために都市計画的な理論を必要としなかった。人民の労働に由来する富が作品へと授託されるためには、この人民が主人にたいして及ぼす圧力と、人民の文明や様式の現存で十分なのであった。ブルジョア時代は、この千年来の伝統に終止符をうつ。それと同時に、この時代は、ギリシャ以来の哲学者たちによって練り上げられた合理性とは異なったひとつの新しい合理性をもたらす。

哲学的「理性」は、人間や世界や歴史や社会の規定づけ（異論の余地あるものではあるが、形のととのった推論によって支えられた）を提案していた。その民主的な一般化が、その後、意見や態度の合理主義を生み出した。各々の市民は、各々の事実や、それに関する各々の問題について、合理的な意見を持っていたか、あるいは持っているとみなされていた。この叡知は、非合理的なるものを排去していた。一般的な叡知が一般的な意志を励起するので、諸々の思想や意見の対決から、ひとつの高度な理性が出てくるはずなのであった。民主主義の政治的な難点や人間主義の実践的な難点に結びついた古典的合理主義の難点を強調することは無駄である。十九世紀、とくに二十世紀に、社会的現実のさまざまな階層において、組織者的・操作的合理性が形成される。それは、企業から、生産の諸単位の管理から来るのであろうか。それは、国家や計画化の水準において生まれるのであろうか。重要なことは、それが最終の帰結にまで推し進められた分析的理性だということである。これは、諸々の要素の（生産的操作の、経済的・社会的組織の、構造あるいは機能の）できるかぎり細かい方法的分析から出発する。つぎに、それはこれらの要素を、ある目標に従属させる。その目標は、どこから出てくるのであろうか。誰がそれを言い表わし、それを決めるのであろうか。どのようにして、そして、何故にであろうか。ここにこそ、この操作的合理主義の断層と破産がある。それの信奉者たちは、操作の連鎖から目標を引き出すのだと主張する。ところが、まったくそうではないのだ。目標、すなわち総体および総体の方向づけは、決定されるのである。それが操作自体から由来すると述べることは、自分を自分自身の目的、自分自身の意味とみなす分析的裁断という悪循環のなかに閉じこもることである。目標は、決定の対象なのである。それは、イデオロギーによって正当化された（多かれ少なかれ）戦略なのである。自分自身の分析から、それらの分析によって追求される目的を引き出すのだと主張する合理主義は、それ自身ひとつのイデオロギーである。体系という観念は、戦略という観念を覆い隠している。批判的分析によって、体系は、戦略として姿をあらわし、決定（決定された目標）としてたちあらわれる。どのようにして階級戦略が、都市現実の分析と裁断とか、その破壊と再建とか、そのような戦略的決定が下された社会的領域への投影とかを方向づけたかということが、さきに示された。

しかしながら、技術主義的合理主義の観点からみれば、検討された諸過程の領域における結果は、渾沌をしかあらわしていない。批判的に観察している《現実》――郊外、都市の織り目、存続する中核――のなかに、これらの合理主義者たちは、彼等自身の生存の諸条件を認識していないのである。それらは、彼等の前では、矛盾や無秩序でしかないのだ。実際、ただ弁証法的理性のみが、多様で逆説的に矛盾的な諸過程を統御する（反省的思惟によって、実践によって）ことができる。

どのようにして、この渾沌とした混乱のなかに秩序をもたらすべきであろうか。組織的合理主義は、このように問題を提起する。この無秩序は正常ではない。どのようにして、それを規範とか正常性とかの資格へと制定すべきであろうか。それは、考えられないことである。この無秩序は不健康である。現代社会の医者は、自分を病んだ社会空間の医者とみなす。目標は？　薬剤は？　それは整合性である。合理主義者は、自分が観察し、自分の行動へと提供する渾沌とした現実のなかに整合性を設立し、あるいは再建しようとする。この合理主義者は、整合性というものが形式であり、したがって目的であるよりは手段であるということ、そして、自分が現実的なるものの整合性へむかっての自分の整合的な歩みの出発点としようとしているところの無秩序や非整合性の下にある居住地の論理を体系化しようとしているのだということに気がつかないおそれがある。事実、都市計画的考察には唯一あるいは単一の歩みがあるのではなくて、この操作的合理主義に関するいくつかの標定しうる傾向が存在するのだ。これらの傾向のなかで、あるものは合理主義に反対であり、またあるものは、合理主義に味方して、それをその極端な表現にまでもたらす。このことは、都市計画にたずさわっている人々の一般的傾向と干渉し合って、鉛筆の先で見たり感じたりする、すなわち製図するという図記的な作業の言葉に翻訳することのできるものをしか理解しないにまでいたる。

したがって、つぎのような区別ができることになる。

(a) 善意の人々(建築家、著作家)の都市計画。彼等の考察や彼等の企図は、ある種の哲学を含んでいる。一般に彼等は、ある人間主義、すなわち古典的な自由主義的人間主義に結びついている。このことには、少なからぬ郷愁をともなわないわけにはいかない。ひとは、《人間たち》のために、《人間的な規模で》建設しようとする。これらの人間主義者たちは、社会の医者として現われると同時に、新しい社会関係の創造者として現われる。彼等のイデオロギーあるいはむしろ彼等の観念論《イデアリスム》は、しばしば、村とか自治体とか地区とか公民的建物を与えられる町民=市民とかのごとき、彼等の考察によって非反省的に採用される諸々の農地的範型から由来するのである。彼等は、現代世界においては《人間》は規模を変え、かつての尺度（村、町）は尺度はずれへと変貌しているのだということを考えずに、《人間的な規模で》《人間の尺度で》家屋や都市を建設しようとしている。最もましな場合でも、この伝統は、形式主義（内容をも意味をも持たない諸々の範型の採用）あるいは審美主義（消費者たちの欲望にたいして食物として投げ与えられる諸々の古い範型の、それらの美ゆえの採用）に到達する。

（b）公的（国家的）な圏域に結びついた理事者たちの都市計画。この都市計画は、科学的であることを欲する。それは、あるときは科学に、あるときは綜合的（複あるいは多学問的）たらんと欲する諸研究に基礎を置く。操作的合理主義の断乎たる諸形式にともなうこの科学主義は、いわゆる《人間的要素》なるものを無視する傾向をもっている。この科学主義は、それ自身、いくつかの傾向に分かれる。あるときは、ある科学を通じて、ある技術が優位を占め、出発点となる。それは一般に、交通や通信の技術である。ある科学から、すなわち考察される現実の断片的分析から出発して、外挿法が行なわれるのだ。諸々の情報あるいは通信が、ある範型のなかにはめられる。この体系化された技術主義的都市計画は、その神話やそのイデオロギー（すなわち技術の最優位性）をともなっていて、自動車や通信や上下する情報に場所を与えるために、「都市」からの残留物を一掃することを躊躇しないであろう。練り上げられた諸範型は、「都市」であったものの廃墟そのものを社会生活から削除することによってしか、実践のなかに入ることができない。

ときとしては、反対に、種々の科学から来た諸々の情報や分析的知識が、ひとつの綜合的な目標にむかって方向づけられる。けれども、社会についての諸々の情報から出発する都市生活よりは、むしろ諸々の社会科学によって提供される諸々の情報を自由に処理しうる都市の中心が考えられるのである。これらふたつの相は、ある哲学、ある社会観、ある政治的戦略（すなわち、ある総体的で全体的な体系）に結びついた総体的な視像《ヴィジョン》であり、すでにそれなりに単一な都市計画である決定の中心という考え方のなかで混り合う。

（c）興業者たちの都市計画。彼等は、公然と、市場のために、利益を目的として、構想し実現する。新しいこと、近年にはじまったこと、それは彼等がもはや住居や家屋を売るのではなくて、都市計画を売るのだということである。イデオロギーをともなってにしろ、イデオロギーなしでにしろ、ともかく都市計画は交換価値となるのだ。興業者たちの企図は、特権的な機会や場所、すなわち、奇蹟的・驚異的に変貌した日常生活のなかにおける幸福の場所として現われる。居住地の想像的なるものは、居住地の論理のなかに記入され、それらの統一は、体系を必要としない社会的実践を与える。その結果として、広告がそこではイデオロギーとなっているのであるがゆえに後世に伝わるに値するところの、すでに世に喧伝されているあの広告的文書類が現われるのだ。パルリー二世は、「新しい生活術」、「新しい生活様式を生み出す」。日常性は、おとぎ話に似ている。「オーバーを入口の携帯品預り所に預け、身軽になって、子供たちを歩廊の保母に託したあとで買物まわりをし、友達たちに会い、ドラッグストアでいっしょに飲物を飲む……。」これが生きる喜びの現実化された像なのである。消費社会は、秩序、すなわち地上におけるその諸要素の秩序、幸福である秩序へと翻訳される。これが諸君の幸福の枠であり、舞台装置であり、仕掛けなのだ。もしも諸君が、提供された幸福を獲得する機会をとらえて、それを自分の幸福にすることができないとすれば、その理由は……力説する必要はない！

さまざまな傾向を通して、ひとつの総体的な戦略（すなわち単一の体系やすでに全体的な都市計画）が粗描される。ある人々は、管理される消費の社会を、実践のなかに入れ、地上に具体化するであろう。彼等は、たんに商業的中心だけではなく、特権的な消費の中心、すなわち更新された都市を建設するであろう。彼等は、消費による幸福のイデオロギー、新たな使命へと適応させられた都市計画による喜びのイデオロギーを、《読み取れる》ものにしながら、押しつけるであろう。この都市計画は、諸々の満足を生み出す日常性（とくに財産を受領し配分にあずかる婦人たちにとって）の計画をたてる。計画づけられ、サイバネティクス化された（コンピュータによって予見された）消費は、社会全体にとって、規則となり規範となるであろう。他の人々は、情報、編成、組織、操作のごとき権力の手段を集中する決定の中心を建設するであろう。あるいはさらに、弾圧（暴力を含む強制）と説得（イデオロギー、広告）。これらの中心のまわりには、周辺が、非郊外化された郊外化が、予見される規範や強制にしたがって、散開したかたちで、地所の上に配分されるであろう。このようにして、すべての条件が、完全な支配のために、生産者であると同時に生産物の消費者であり空間の消費者であるものとしての住民たちの巧みな搾取のために、寄り集まる。

したがって、これらの企図の収斂は、この上なく大きな危険を内包している。それは、都市社会の問題を政治的に提供するのである。これらの企図から、新たな諸矛盾が、収斂を妨げつつ生まれることはありうる。もしもある単一な戦略が構成され成功するとすれば、それはおそらく取り返しがつかないであろう。

哲学と都市

このような見通し、このような《等角投像的展望》のあとで、あるいずれかの相、あるいずれかの問題に力点を置くべきである。徹底的に批判的な分析を再開するため、都市の問題性を深めるための出発点は、哲学であろう。このことは、きっと読者を驚かせるであろう。しかしながら、いままで書いたことのなかで、このような哲学への準拠はしばしば行なわれていたのではなかろうか。都市の哲学を提出することが問題なのではなくて、その反対に、歴史のなかにおける、すなわち哲学としての哲学が達成することのできない綜合や全体性の企図の歴史のなかにおけるそのような態度の位置を、哲学の総体へと返すことによって、そのような態度を拒否することが問題なのである。そのあとで、分析法の検討、すなわち細分化された諸科学による都市的現実の照明あるいは裁断が来るであろう。これらの専門的・特殊的な細分化された諸科学の結果の上に基礎を置いた諸々の綜合的な命題の排棄は、綜合の問題をもっとうまく——政治的な用語で——提起することを可能にするであろう。この歩みの途上において、すでに取り出された諸特徴、すでに定式化された諸問題をふたたび見出すであろう。そして、それらは、より大きな明瞭性のなかにおいて、ふたたび姿を現わすであろう。とくに、使用価値（都市および都市生活、都市的時間）と交換価値（売買される空間、諸々の生産物や財貨や場所や記号の消費）とのあいだの対立が、十分に明らかになるであろう。

思弁的な体系化によって全体性をねらう哲学的瞑想にとって、すなわち、プラトンからヘーゲルにいたる古典的哲学にとって、「都市」は、第二次的な主題、他の諸々の対象のなかのひとつの対象より遥かに以上のものであった。哲学的思惟と都市生活とのあいだの関係は、これを解明する必要はあるけれども、ともかく考察にたいしてはっきりと姿を現わす。「都会」や「都市」は、哲学者たちにとって、そして哲学にとって、たんなる客観的条件とか社会学的文脈とか外的所与とかではなかった。哲学者たちは「都市」を思惟した。彼等は、都市生活を言語や概念へともたらした。

東洋的な都市によって、アジア的生産様式によって、生産様式における《都市＝田舎》の関係によって、そして最後に、このような土台の上におけるイデオロギー（哲学）の形成によって惹起される諸問題を、わきにのけておこう。いわゆる《西欧的》な社会や文明がそこから発するところの古代都市（ギリシャあるいはローマの）だけを考察しよう。この都市は、一般に、いくつかの村あるいはひとつの土地に居を定めたいくつかの部族の統合たる町村合併の結果として生まれたものである。このような統一体は、分業や動産（貨幣）の発達を可能ならしめるのであるが、しかし、土地の集団的あるいはむしろ《共同体的》な所有を破壊しはしない。このようにして、そのなかでは、少数の自由な市民が、婦人や子供や奴隷や外国人のごとき都市の他の成員たちに対して権力を保有するところの共同体が構成される。都市は、その諸々の加盟要素を、奴隷に対立するものである活動的市民の共同体的所有（《共同の私的所有》あるいは《排他的取得》）の形態へと結びつける。この結合形態は民主主義を構成するのであるが、しかし、この民主主義の諸要素は厳密に階層づけられており、都市それ自体の統一の要求に従属させられている。これは、非＝自由の民主主義（マルクス）である。古代都市の歴史の途上において、純粋の単純な私的所有（貨幣や土地や奴隷の）は、地域にたいする都会の諸権利を廃絶することなしに、強化され、集中される。

都市と田舎との分離は、性別や年齢別による分業（生物学的分業）や、道具とか熟練とかによる分業（技術的分業）をともなって、最初の根柢的な分業のなかに位置を占める。都市と田舎とのあいだの社会的分業は、物質的労働と知的労働とのあいだの、したがって自然的なるものと精神的なるものとのあいだの分離に対応する。都市には、知的労働、すなわち組織と指導の機能とか政治的・軍事的活動とか理論的認識（哲学や科学）の精錬とかの任務が負わされる。全体性は分割され、「フィジス」と「ロゴス」とのあいだ、理論と実践とのあいだの分離、そして、実践のなかで、プラクシス（人間の集団にたいする行動）とポエーシス（作品の創造）とテクネー（技術によって武装され、生産物へとむかって方向づけられる活動）とのあいだの分離をふくむ諸々の分離がうちたてられる。実践的現実であると同時に表象でもある田舎は、自然とか存在とか原初的なるものとかのイメージをになうことになる。都市は、努力とか意志とか主観性とか内省とかのイメージをになうことになるが、これらの表象が現実的な活動と離れることはない。これらの対置されるイメージから、大きな象徴体系が生まれることになる。ギリシャの都市のまわりに、その上方に、秩序づけられた輝かしい空間であり、場所の階層である宇宙が配置される。古代中部イタリアの都市は、中心として、死と生の力がかよってくる聖なる呪われた穴、努力と試練の暗黒の時間、すなわち世界（古代ローマで、他界への入口とされた穴は mundus（世界）と呼ばれる）を持っている。ギリシャの都市では、闘争をともないつつも、アポロ的精神、秩序づける理性の輝かしい象徴が勝利をとなえる。それに反して、エトルリヤ＝ローマの都市では、都市的なるものの悪魔的な側面が優位を占める。けれども、哲学者や哲学は、全体性を再発見あるいは創造しようと試みる。哲学者は分裂を許容しない。哲学者には、人生とか社会とか宇宙とか（そして後には歴史とか）がもはや「全体」を構成しないと考えることはできないのである。

そんなわけで、哲学は、労働の分割やその多様な様態とともに、都市から生まれる。哲学は、それ自身、専門化された独自の活動となる。しかしながら、哲学は細分化されたもののなかに落ち込みはしない。そうでなければ、哲学は、これまた生まれたばかりの学問や科学と混り合うことになるであろう。哲学者は、職人や軍人や政治家たちの意見のなかに入ることを拒絶するのと同様に、専門家たちの理由や論拠をも拒否する。哲学者の根柢的関心や目的は、体系によって再発見あるいは創造された「全体性」、すなわち思惟と存在、言葉と行為、自然と内省、世界（あるいは宇宙）と人間現実の統一にある。このことは、相違（「存在」と思惟とのあいだ、自然から来るものと都会から来るものとのあいだなどの）についての考察を排去するものではなくて、それを含むものである。ハイデッガーが述べたように、「ロゴス」（哲学者たちにとって、そして都市生活にとって、元素、環境、媒介、目的である）は、同時に、前に置くことであり、寄せまとめ、集め、取り入れ、思索することであり、話し、語ることであり、提示することであった。寄せまとめること、それは収穫であり、その完成でさえある。「ひとは諸々の物を探しに行き、それらを取り入れる。そこには庇護が支配し、それとともに今度は保存への配慮が支配する……。収穫とは、それ自体において、そして前から、庇護の必要があるものの選択である。収穫とは、そんなふうに、すでに思惟である。寄せまとめられるものは保存のなかに置かれる。語るということは、寄せまとめる瞑想的な行為である。このことは、このようにして目的を達せられるものの存在が、その人の前で、その人のために、その人によって発言されるところの《何者か》の現存を前提としている。この現存は、明るさのなかで（あるいは、ハイデッガーの言葉によれば、《非掩蔽》のなかで）生み出される（『エッセーと講演、ロゴス』参照）。そんなわけで、哲学に結びついた「都市」は、その「ロゴス」によって、その「ロゴス」のなかに、地所の諸々の富、散在する諸々の活動や人々、語りや著作（それらの各々がすでに収集（recueillir）や瞑想（recueillement）を前提としている）を寄せまとめるのだ。都市は、田舎において自然にしたがって生起し移行しているものを同時的なものにし、サイクルやリズムにしたがって配分する。都市は、《すべて》をとらえ、自分の管理下に置く。このように哲学と都会とが生まれたばかりの「ロゴス」（「理性」）のなかに結合されるとしても、それはデカルトの《コギト》のように主観性のなかにおいてではない。それらがひとつの体系を構成するとしても、それは通常のやり方で、この体系という言葉の普通の意味においてではない。

都市形態とその内容、哲学形態とその意味のこのような本源的な統一には、「都市」それ自体の組織が結びつくことができる。すなわち、政治的空間の中核であり、「ロゴス」の所在地である特権的な中心、諸々の地方や空間の配分は「ロゴス」の前において（「ロゴス」にたいして、「ロゴス」によって）正当化される合理性を持っているのであるから、その前では市民たちが《平等》であるところの「ロゴス」によって支配される特権的な中心が結びつくことができるのである。

ギリシャの「都市」の「ロゴス」は、哲学的な「ロゴス」と切り離されることができない。都市の作品は、哲学者たちの作品のなかに継続され、集中されるのである。ところで、哲学者たちの作品は、諸々の意見や主張とかさまざまな作品とかを取り入れ、それらを同時性のなかに反射し、それらの前で諸々の相違をひとつの全体性のなかへと、すなわち、都市の諸々の場所を宇宙のなかへ、都市の時間やリズムを世界の時間やリズムのなかへ（そして、その逆）と寄せまとめるのだ。したがって、哲学が言語や概念に都市生活や「都市」の生活をもたらすのは、ただ表面的な歴史性にとってだけなのである。実は、現出、言語、瞑想としての「都市」は、哲学者や哲学の手段によって理論的な光にまで登るのだ。

「都市」と「哲学」とのあいだの内的関係のこの最初の提示のあとで、西欧の（ヨーロッパの）中世に跳ぼう。それは田舎から出発する。ローマの「都市」や「帝国」は、原始的な共同体であると同時に軍事的な組織でもあったゲルマンの部族によって破壊された。このような主権（都市、所有権、生産関係）の解体の結果として、土地の封建的所有とか、奴隷にとってかわる農奴とかが生まれる。都市の再生にともなって、一方では所有権や土地所有の封建的組織が存在し（農民の共同体は習慣的な所有を持ち、領主は後に《卓越》所有権と呼ばれることになる所有権を持つ）、他方では、職業や都市的所有権の同業組合的な組織が存在する。当初においては、土地の領主所有権によって支配されているけれども、この二重の階層制は、この所有権や不動産的な富の優越性の断罪を内包している。その結果として、中世社会に本質的な深い葛藤が生まれる。「彼等自身団結している略奪騎士たちにたいして団結する必要性、企業家が職人であった時代における共同市場の必要、富の増大しつつあった都市へ流れ込む居住指定令を破った農奴たちの競争、封建的な組織全体が、同業組合を誕生させた。孤立した職人たちによってゆっくりと節約される小さな資本、そして、増大する人口のなかにおける彼等の安定した数が、職人と徒弟の体系を発達させた。このことが都市のなかに田舎の階層制に似た階層制を樹立した」(マルクス)。このような諸条件のなかで、神学は哲学を自分に従属させる。哲学は、もはや「都市」について思索しない。哲学者(神学者)は、二重の階層制について考察する。彼は、諸々の葛藤を考慮に入れつつ、あるいはそれらを考慮に入れることなしに、その階層制に形式を与える。宇宙(空間、この空間のなかにおける諸々の実体の階層制)と世界(諸々の有限な実体の生成、時間のなかにおける階層制、下降あるいは堕落、上昇あるいは救済)に関する諸々の象徴や観念が、都市の意識を消し去る。もはや二つではなくて三つの階層制(土地所有の封建制、同業組合組織、「王」とその国家機構)が存在する瞬間から、考察は批判的な次元をふたたび獲得する。哲学者と哲学は、もはや「悪魔」と「領主」のあいだで選択する必要がないので、自分をふたたび見出す。だからといって、哲学が自分の都市との関係をふたたび認識することにはならない。合理主義の興隆に資本主義(商業的・銀行的、つぎに工業的）の興隆と都市の膨脹がともなったけれども、この合理主義は、あるいは国家に、あるいは個人に結びつくのである。

哲学的精錬（思弁的、体系的、瞑想的）の絶頂において、ヘーゲルにとっての、完全な「物」、すなわちギリシャの都市と社会や国家に生気を与える観念とのあいだの統一、このすばらしい統一は、歴史的生成によって取りかえしがつかないまでに破壊された。現代社会においては、国家はその諸々の要素や素材を自分に従属させる。「都市」も、そこに含まれるのである。しかしながら、「都市」は、欲求の体系、権利と義務の体系、家族と身分（職業、同業組合）の体系、芸術と美学の体系などとともに、哲学的＝政治的な全体的体系のなかの一種の下次体系としてとどまる。

ヘーゲルにとって、哲学と《現実的なるもの》（実践的、社会的）とは、たがいに外部的ではない。あるいは、むしろ、もはや外部的ではなくなっている。諸々の分離は脱落するのである。哲学は、現実的なるものを反省する（について考察する）ことや、現実的なるものと観念的なるものとの結合を試みることで満足しはしない。哲学は、観念的なるもの、すなわち合理的なるものを現実化することによって、みずからを現実化する。現実的なるものは、考察とか認識とか意識とかに口実を与えることで満足しはしない。ある意味を持った――この意味を持った――歴史の途上において、現実的なるものは合理的なものになる。このようにして、現実的なるものと合理的なるものとは、たがいに一方が他方へと傾き、各々は自分の側で、それらの一致（このようにして認識される）へと赴く。合理的なるもの、それは本質的に「哲学」であり、哲学的体系である。現実的なるもの、それは社会であり、「法律」であり、最上部を仕上げることによって建物を強固にするところの「国家」である。したがって、近代国家において、哲学体系が現実的なものとなり、ヘーゲルの哲学において、現実的なるものがみずからを合理的なものとして認識するのだ。体系は、哲学的と政治的という二重の顔を持っている。ヘーゲルは、このような合理的なるものから現実的なるものへの、そしてその逆の移行の歴史的運動を見破るのである。彼は、歴史が一致を生み出す瞬間に、その一致を明るみに出すのだ。哲学はみずからを実現する。後にマルクスが述べるように、ヘーゲルにとっては世界が哲学となることと同時に、哲学が世界となることがある。その第一の結果は、哲学と現実（歴史的、社会的、政治的）とのあいだの分裂はもはや問題になりえないということである。第二の結果は、哲学者はもはや独立性を持たず、他の官吏たちと同様に、公的な機能を遂行するということである。哲学や哲学者は、この「国家」という合理的現実のなかに統合（官吏団や中産階級の媒介によって）される。もはや、たんに、より高度でより全体的な合理性によって否認される「物」（なるほど完全な物ではあるが、ともかく物である）であったところの「都市」のなかに統合されるのではないのだ。

　マルクスがヘーゲルの本質的な主張を拒否もせず拒絶もしなかったということは、すでに周知のとおりである。哲学はみずからを実現する。哲学者は、もはや社会的実践にたいして独立の権利を持たない。哲学はそのなかに挿入されるのだ。まさに、同時に世界が哲学となることと、哲学が世界となることとが存在する。つまり、統一（非分裂の認識と再認識）へとむかう傾向が存在するのだ。しかし、それにもかかわらず、マルクスはヘーゲル哲学を排去する。歴史は完成されてはいない。統一が到達されてもいないし、矛盾が解決されてもいない。哲学がみずからを実現するのは、社会的な支えとして官僚制度をもった「国家」のなかで、そのような「国家」によってではない。プロレタリアートが、この歴史的な使命をおびている。プロレタリアートのみが、諸々の分裂に（諸々の疎外に）終止符を打つことができるのである。プロレタリアートの使命は、二重の相を持っている。すなわち、別の社会を建設することによってブルジョア社会を破壊すること——人間存在の哲学的企図を実現するために、哲学的な思弁や抽象とか疎外的な瞑想や体系化を廃絶することである。労働者階級がみずからの可能性を受け取っているのは、工業から、工業生産から、その生産力や労働との関係からであって、道徳的あるいは哲学的な判断からではない。世界を裏返しにしなければならない。合理的なるものと現実的なるものとの結合が行なわれることになるのは、別の社会においてなのである。

このような見通しにおいて、都市の歴史との関係のなかにある哲学の歴史は、完成に到達するどころではなく、ただ粗描されているだけである。実際、この歴史はまた、自然や土地の表象とか農業とか土地の神聖化（そして、その非神聖化）とかに結びついて出現する諸々の主題の分析をも含むであろう。そのような主題は、ひとたび生まれると、ときとして出現地点から遠くに（時間において、空間において）移動し、繰返される。非難や衝突の点、諸々の条件、含まれる意味、諸々の帰結は合致しない。それらの主題は、社会的文脈のなかにおいて、そして、それら主題の誕生を指示した諸範疇とは異なった諸範疇《範疇》というものについて語ることができるかぎりにおいて）のなかにおいて述べられ、そのなかに挿入される。都市の問題性、たとえばギリシャの都市の運命に関係していた問題性は、取り出され、あるいは隠されるために、この都市よりも以前の、それにたいして外部的な宇宙的主題を利用し、存在の周期的生成あるいは隠された不動性のヴィジョンを利用した。これらの指摘は、考察されている関係がいまだ明快な定式化を受け取っていないということを示すのを目的としている。

こんにち、哲学と「都市」とのあいだには、どのような関係があるであろうか。両義的な関係である。現代の最も傑出した哲学者たちは、彼等の主題を「都市」に借りていない。バシュラール〔科学哲学から出発し、後に想像力の形態の研究で知られる哲学者。一八八四—一九六二〕は「家」に捧げられたすばらしい記述を残した。ハイデッガーは、ギリシャの都市と「ロゴス」について、ギリシャの神殿について思索した。しかしながら、ハイデッガーの思想を要約している諸々の暗喩は、都市から来るのではなくて、《存在の牧人》とか

《森の道》のごとき始源的・前時代的な生活から来るのである。ハイデッガーが彼の主題を借りているのは、「住まい」や「住まい」と「さまよい」とのあいだの対立からであるように思われる。《実存主義的》といわれる考察はどうかといえば、それは実践的・歴史的・社会的な現実によりも、むしろ個人的意識に、主体とか主観性の試練とかに基礎を置いている。

それにしても、哲学が「都市」に関することにおいて最後の言葉を述べたということは証明されていない。たとえば、都市生活の現象学的記述というものを考えることが十分にできるのである。あるいは、現在の都市にとって、ギリシャの都市における「ロゴス」の存在に対応するような都市現実の記号学を建設することができるのである。ただ哲学や哲学者のみが、全体性を、すなわち総体的な概念作用あるいは視像《ヴィジョン》の探究を提案する。《都市》を考察するということは、すでに哲学を延長することであり、哲学を都市のなかに、あるいは都市を哲学のなかに再導入することではなかろうか。全体性という概念は、哲学的でしかないならば、空虚のままにとどまるおそれがあるということは事実である。このようにして、「都市」の問題性に帰着するのではなくて、世界とか歴史とか《人間》とかに関係するところの問題性が定式化される。

他方、若干の現代思想家は都市について考察した。彼等は、多かれ少なかれはっきりと、都市の哲学者たらんとする。この資格において、これらの思想家たちは、建築家や都市計画家たちに着想を与え、諸々の都市的関心と古い人間主義とのあいだの関係をつくろうとする。けれども、これらの哲学には幅が欠けている。都市を考察し、伝統的哲学を延長することによって都市の哲学をもたらそうと主張する哲学者たちは、都市の《本質》とか、《精神》として、《生命》あるいは《生の躍動》としての都市とかについて論ずる。要するに、あるときは主体として、あるときは抽象的体系として論ずるのである。このようなことは、何事にも導かない。そこから、二重の結論が出てくる。第一に、哲学的思惟の歴史は、その都市（この思惟の条件であり内容である）との関係から出発して捉えなおされることができるし、そうされなければならない。これが、この歴史の見通しのなかへの置き方のひとつである。第二に、この連接は、哲学と都市との問題性（都市の問題性の認識や定式化、この枠の観念、構想すべき戦略）のなかに現われる。諸々の哲学的概念はなんら作業的な性質をもっていないが、しかしながらそれらは、統一体としての都市や都市的なるものを――そして社会全体を――分析的断片化の手前や彼方に位置づける。ここで哲学やその歴史について述べられていることは、また芸術やその歴史についても主張されることができるであろう。

細分化された科学と都市現実

十九世紀のあいだに、総体的なるものを捉えようと努める（現実的な全体性をその合理的体系化のなかに閉じ込めつつ）哲学に対抗して、社会的現実の諸科学が設立された。これらの科学は、それぞれひとつの方法あるいはいくつかの方法、分野あるいは領域を持っていて、現実を分析するためにそれを断片化する。一世紀たってもなお、これらの科学が単一の現実にたいする明確な照明をもたらすのか、それともそれらが行なう分析的な断片化は分節、水準、次元のごとき客観的な相違に対応するのかということが議論されている。

都市が歴史家や経済学者や民勢学者や社会学者たちの探究から逃れたと主張することはできない。これらの専門の各々は、都市の科学に貢献をもたらしている。歴史学が、都市の発生を明らかにすることや、とくに都市社会の問題性をあらゆる他の科学よりもよく包囲することを可能ならしめるということは、すでに確認され、検証された。逆に、都市現実の認識が、たんに完成されたものや過去のものにばかりではなくて、可能的なるもの

（あるいは諸々の可能性）にも向けられることができるということには、いかなる疑いもない。もしもひとが、生理機能的な欲求や生理機能化しうる欲求を考慮に入れつつ、商業的あるいは文化的な中心を建設しようとするならば、経済学者が、いうべき言葉を持っている。都市現実の分析学のなかには、地理学者や気候学者や植物学者が介入する。総体的で漠然とした概念である環境は、専門家たちに応じて断片化される。未来や未来の諸条件については、数学的計算が不可欠な指示をもたらす。しかしながら、何がこれらの所与を寄せまとめるのか。ひとつの企図、いいかえればひとつの戦略である。他方、ある疑いが存続し、強まりさえする。都市とは、このような諸々の指標や指示の、変数や母数の、相関関係の総和であり、このような諸々の事実や記述や断片化するものがあるゆえに断片的な分析の収集なのであろうか。これらの分析的な裁断は、厳密性を欠いてはいない。けれども、よくいわれるように「厳密性には住まうことができない」のである。この問題は、専門化された諸科学が提起する一般的な疑問と合致する。一方の側には、公然と哲学的ではないときの哲学の手続きを奇妙なふうに想起させるような手続きが、ただそれのみに到達しようと努めているところの総体的なるものがある。他方の側には、部分的なるもの、より確実ではあるがばらばらな諸々の所与がある。細分化された科学から、ひとつの都市の科学を引き出すことができるであろうか。社会あるいは《人間》あるいは人間的・社会的現実の単一の科学を引き出すことはできないのと同様に、それを引き出すことができない。一方の側には、内容なき概念があり、他方の側には、概念なきひとつの内容あるいはいくつかの内容があるのだ。あるときは、《都市》とか都市現実なるものは存在しないのであって、たんに相関関係の連鎖が存在するだけなのだという宣言がなされる。この《主題》は抹殺されるのである。またあるときは、総体的なるものの存在が肯定され続ける。ある学問の名における外挿法から出発して、あるいは《学問間》にまたがる戦術に賭けて、総体的なるものへの接近、それの包囲が行なわれるのだ。しかし、それが捉えられることはない。諸々の裁断を超越する手続きによって以外は……。

仔細に眺めると、都市現実を研究した専門家たちはほとんどつねに（論理的に極端主義的な実証主義の場合を除いて）総体的な表象を導入したことに気がつく。彼等は、知識の総和とか都市現実の裁断や組立てとかで満足して、綜合なしですますことはほとんどできない。そこで彼等は、専門家として、彼等の分析から、自分たちの専門から借用した原理をもった最終的綜合へと正当に赴くことを主張する。彼等は、ある学問、あるいはある学問間にまたがる試みの道を通って、《綜合の人間》たらんとする。最もしばしば、彼等は、都市を（そして社会を）ひとつの有機体として考える。歴史家たちは、しばしば、これらの本質、すなわち都市を、《進化》あるいは《歴史的発展》へと結びつけた。社会学者たちは、それらを、《集団的存在》とか《社会的有機体》とかとして考えた。そんなわけで、有機体説や進化説や連続説が、自分を学者であり、たんに学者であると思っていた専門家たちによって練り上げられた諸々の都市の表象を支配したのである。彼等は、そうとは知らずに哲学者になって、自分たちの手続きを正当づけることなしに、部分的なるものから総体的なるものへ、そしてまた事実から権利へと跳んでいたのだ。

そこにはジレンマがあるのだろうか。袋小路があるのだろうか。そうであり、しかもそうではない。そうだというのは、車止めが立てられるからであり、あるいは別の比喩の方がよければ、穴が穿たれるからである。そうでないというのは、障害を乗り越えるべきであろうからである。というのも、すでに思弁的な問題とか現実的な問題の部分的な所与とかをはみ出しており、経験や認識のあらゆる所与を寄せ集めることによって総体的なものになる傾向のあるところの、生まれてまだ日の浅いひとつの実践、すなわち都市計画が存在するからなのだ、ことは実践についての哲学的な見解に関しているのではなくて、都市計画的と呼ばれる思惟が総体的な水準における実践へと変貌しているという事実に関しているのである。何年か前から、都市計画は、技術や部分的な応用（建築空間の規制や管理）からはみ出して、社会の総体に関係し、それに関心を抱く社会的実践となっている。この社会的実践の批判的検討（もちろん批判に力点をおいての）は、理論にたいして、理論それ自体が実践から分離することから来る理論的難点を解決することを可能ならしめる。

社会的実践（都市計画は、諸々の政治的戦略の対決を通じてしか到達することのできない精錬と行動の水準に到達することなしに、社会的実践になったのだが）としてのかぎりにおいて、都市計画は、すでに、最初の段階、すなわち専門家たちの対決や連絡の段階、細分化された分析の結合の段階、要するに学問間にまたがるものと呼ばれる状態を乗り越えた。あるときは、都市計画は、その実践のなかにおいて、自分が応用する部分的な知識から着想を得、またあるときは、総体的な現実の水準において、諸々の仮説や企図を実行に移す。第一の場合においては、部分的な知識の応用は、これらの知識の相対的な重要性を決定することを可能ならしめるところの結果を与える。これらの結果は、空隙や欠落を示すことによって、欠如しているものを地所の上に実験的に明確化することを可能ならしめる。第二の場合においては、失敗（あるいは成功）が、前提のなかにあるイデオロギー的なものを識別することや、それらの前提が総体的な水準において規定しているところのものを見破ることを可能ならしめる。そんなわけで、問題はまさしく《都市計画》と名づけられる活動の批判的検討にあるのであって、都市計画家たちの言葉を信ずることにあるのでもなく、彼等の提案や決定に異論をとなえることなしにそれらの効果を認めることにあるのでもない。とくに、実践と理論（イデオロギー）とのあいだ、部分的知識と結果とのあいだの食違いや捩れは、隠れるのではなくて、前面にあらわれる。使用法と使用者についての疑問も、同時に前面にあらわれる。

都市の哲学と都市計画的イデオロギー

都市の問題性を定式化するためには（諸々の問題を結び合わせつつ、それらの問題を述べるためには）、したがって、つぎのものをはっきりと区別することが指示される。

（a）人間一般、世界あるいは宇宙、社会、歴史などと同じ資格において《都市的人間》を規定しつつ、都市を総体性として思弁的に規定するところの、都市の哲学者や都市の哲学。

（b）都市（その諸要素、その諸機能や諸構造）に関する諸々の部分的な知識。

（c）これらの知識の技術的応用（ある文脈のなかにおける、すなわち、諸々の戦略的・政治的な決定によって定められた枠のなかにおける）。

（d）教説としての都市計画、すなわち、諸々の部分的知識を解釈し、諸々の応用を正当化し、それらを十分に基礎づけられておらず十分に正当づけられていないひとつの全体性へと持ち上げる（外挿法によって）イデオロギーとしての都市計画。

このような分析が区別するところの諸様相あるいは諸要素は、諸々の著作のなかにおいて別々に姿を現わしはしない。それらは、交叉して、たがいに強化しあい、あるいは中性化しあう。プラトンは『クリティアス』のなかで、都市とか理想的都会とかの概念を提案している。『国家』や『法律』のなかでは、プラトンのユートピアは、きわめて具体的な分析によってやわらげられている。アリストテレスにおける、ギリシャの都市とくにアテネの諸制度を研究する政治的な著作も同様である。

こんにち、とりわけルイス・マンフォード〔『都市の文化』などで知られるアメリカの文明評論家。一八九五―一九九〇〕やG・バルデ〔建築家、都市計画家、社会学者。ブリュッセル国際応用都市計画協会研究主任。一九〇七―〕が、いまなお、都会人によってではなくて、分業や社会階級やこれらの階級間の闘争から解放されて、ひとつの共同体を構成し、この共同体の管理のために自由に結合している自由な市民によって組立てられる都市を考えている。彼等はこのようにして、哲学者として、理想的な都市の範型を組立てているのである。彼等は、二十世紀における自由を、ギリシャの都市の自由（都市なるもののみが自由を所有しているのであって、個人や集団が所有しているのではないというイデオロギーによって奇妙に改作された）によって思い描いているのだ。つまり、彼等は現代の都市を、理想的であると同時に合理的な都市に一致させられた古代都市の範型によって考えているのである。婦人や奴隷や外国人を除外して、市民に限定された民主主義の場所であり象徴である広場《アゴラ》は、ある種の都市哲学にとっては、都市社会一般の象徴であり続けている。これは、典型的にイデオロギー的な外挿法である。これら都市の哲学者たちは、このイデオロギーに、諸々の部分的知識を結びつけ、部分的なるものから総体的なるものへ、要素的なるものから全体的なるものへ、相対的なるものから絶対的なるものへの移行（跳躍）というまさにイデオロギー的な操作を結びつけるのだ。ル・コルビュジエ〔機能主義建築の主流となったフランスの建築家。一八八七―一九六五〕はどうかといえば、彼が住民や都市の居住地の自然との関係、空気や太陽や樹木との関係、周期的時間や宇宙のリズムとの関係を述べるとき、彼は都市の哲学者として振舞っている。彼は、この形而上学的視像《ヴィジョン》に、現代都市の諸々の現実的問題についての異論の余地なき知識、ある都市計画的実践やあるイデオロギーを与える知識、建築によって地所の上に予見され処方されたいくつかの機能の遂行へと都市社会を帰着せしめる機能主義を結びつけるのである。そのような建築家は、自分を思想家にして実践家たる《綜合の人間》とみなす。彼は、諸々の人間関係を規定づけ、それらの枠とか舞台装置とかを構想することによって、それらの人間関係を創り出すと信じ、かつそれを望む。よく知られている思惟の限界へと結びつく展望のなかで、「建築家」は自分を「創造神」の人間的模像たる「世界建築家」として知覚し構想する。

都市の哲学（あるいは、こういった方がよければ、都市イデオロギー）は、ある型の都市がその構造のなかに入りつつあった社会の上部構造として生まれた。過去の貴重な遺産たるこの哲学は、なんらかの現実的知識を統合するがゆえにしばしば科学へと変装する思弁のなかに延長される。

イデオロギーとしての都市計画はどうかといえば、それはますます精密化される表現を受け取った。現代の大都市における交通とか命令や情報の伝達とかの問題を研究することは、現実的知識や応用の技術へと導く。都市が交通や通信の網の目として、情報や決定の中心として規定づけられると宣言することは、ひとつの絶対的イデオロギーである。とくに恣意的で危険な還元＝外挿法を用いるこのイデオロギーは、テロリズム的な手段を用いて、みずからを全体的な真理として、そして教条として押し出す。それは、科学とか科学的厳密さとかの名において押しつけようという主張がなされるところの、管《パイプ》や道路行政や計数の都市計画に導く。あるいは、さらに悪いものに導くのだ！

このイデオロギーは、ふたつのたがいに結ばれた相を持っている。すなわち、精神的な相と社会的な相とである。精神的には、このイデオロギーは、一九一〇年前後の現代社会の突然変化（深い危機の始まり、そして、まず企業の規模で、つぎに総体的な規模での組織化の方法によってこの危機を解消しようとするさまざまな試みの始まり）の際にその定式化が始まったとみることのできる合理性や組織化の理論を含んでいる。社会的には、前面に出るのは空間であって、時間や生成は影のなかに追いやられる。イデオロギーとしての都市計画は、社会のあらゆる問題を、空間の問題として定式化し、歴史や意識から来るすべてのものを空間的な言葉に置きかえる。これは、ただちに二分されるイデオロギーである。社会が満足すべきやり方で動いていないのであるから、空間の病理学が存在するのではなかろうか。このような見通しのなかでは、ひとは、ほとんど公式に認められている時間にたいする空間の優位性を、社会的病理学の指標として、すなわち社会的な病気を醸成する現実の兆候のひとつとして考えはしない。それとは反対に、ひとは不健康的な空間と健康的な空間とを考える。都市計画家は、病める空間を、精神的・社会的健康に結びついた、この健康の産出者たる空間から職別することができるというわけである。空間の医者として、彼は、調和的で正常で正常化作用をもった社会的空間を考える能力を持つというわけである。そうなると、彼の職分は、この空間（幾何学者たちの空間、抽象的位相幾何学の空間と偶然のように一致するところの）に、先在する諸々の社会的現実を合致させることだということになる。

さまざまな都市の哲学についてもイデオロギー的都市計画についても、理論的な面と実践的な面の双方において、徹底的な批判が必要である。その批判は、公衆衛生の作業とみなされることができる。しかしながら、それは、ながい探究、厳密な分析、テクストや文脈《コンテクスト》の忍耐強い研究なしに、遂行されることはできない。

都市の特殊性　都市と作品

都市の哲学は、前資本主義社会（あるいはこの用語法の方が好ましいならば、前工業社会）において、社会的実践によって提起される疑問に答えていた。技術として、イデオロギーとしての都市計画は、競争的資本主義（本来の意味での工業をともなった）の黎明期からすでに現われ、たえず深化してゆくところの、すでに指摘されたあの大きな都市の危機から来る諸々の要求に答える。世界的な規模における、この危機は、都市現実のさまざまな新しい相を出現させる。この危機は、ほとんど理解されていなかったり、よく理解されていなかったりしたことを明らかにし、よく感知されていなかったことを開示する。この危機は、たんに都市の歴史や都市に関する知識ばかりではなく、哲学の歴史や芸術の歴史をも考え直すことを強いる。最近まで、理論的思惟は、都市というものを、ひとつの本質として、ひとつの有機体あるいは他の諸々の全体のなかのひとつの全体として考えていた（しかも、これは、最も良い場合のことであり、都市というものを、部分的な現象とか、歴史の進展の二次的、要素的あるいは偶然的な相とかへと帰着せしめない場合のことである）。このようにして、ひとはそこにたんなる結果を見ていたのであり、純粋に単純に一般的歴史を反映するだけの局部的効果を見ていたのである。分類のなかに入り、すでに知られているさまざまな名（有機体説、進化説、連続説）を受け取ることができるこれらの考え方は、さきに告発された。それらは、都市の理論的な認識を含んでおらず、この認識に導くものでもなかった。それどころか、さらに、これらは探索をかなり低い水準にくぎづけにしていたのであって、概念とか理論とかであるよりはむしろイデオロギーであった。

　今日はじめて、われわれは都市の（諸々の都市的現象の）特殊性をとらえ始めている。都市は常に社会全体と、その構成やその働きと、その構成要素（田舎と農業、攻撃的および防御的な力、政治的権力、国家など）と、その歴史との関係を持っていた。したがって、都市は、社会全体が変わるときに変わる。しかしながら、都市の変貌は、社会的総体性とか、その変化とかの受動的な結果ではない。都市もまた、同じく本質的に、直接性の関係に、すなわち、社会を構成する諸個人や諸集団（家族、組織体、職業や同業組合など）のあいだの直接的な関係に依拠している。また都市は、これらの直接的な関係の組織化に帰着するわけでもないし、その変身がそれらの関係の変化に帰着するわけでもない。都市は、ひとつの中間部、近い秩序と呼ばれるもの（大きさも組織化や構造化の程度もさまざまな集団のなかにおける諸個人の関係、これらの集団のあいだの関係）と遠い秩序、すなわち大きくて強力な制度（「教会」、「国家」）とか成文化された法規や成文化されない法規とか《文化》やさまざまの意味する総体とかによって規制される社会の秩序との途中に位置するのである。遠い秩序は、かの《上位の》水準、すなわち権力を付与された水準に設立される。それは自分を押しつける。抽象的、形式的、超感覚的で一見したところ超越的なこの秩序は、イデオロギー（宗教的、政治的）の外側では考えられない。それは、道徳的および法律的な原理を含んでいる。この遠い秩序は、実践的＝感覚的な現実のなかに投影される。それは、そこに書き込まれることによって、見えるものとなる。この秩序は、近い秩序のなかで、近い秩序によって、説得する。このことが、その強制的な力を補うのである。この秩序は、直接性によって、直接性のなかにおいて、明白なものとなる。都市、それはさまざまな媒介のなかのひとつの媒介である。都市は、近い秩序を内包しつつ、それを維持し、生産や所有の諸関係を保持する。都市は、それらの関係の再生産の場である。都市は、遠い秩序のなかに内包されつつ、その秩序を支え、それを体現し、それを地所（風景）の上に、面の上、直接的生活の面の上に投影し、それを記入《アンスクリール》し、それを処方《プレスクリール》し、考察によらなければそのようなものとして捉えることのできないより大きな文脈《コンテクスト》のなかにあるテクストとして、それを書く〔エクリール〕。

そんなわけで、都市は作品であり、たんなる物質的生産物よりはむしろ芸術作品に比すべきものである。都市の生産とか、都市のなかにおけるさまざまな社会関係の生産とかが存在するにしても、それは物資の生産であるよりは、人間存在による人間存在の生産および再生産なのである。都市は歴史を持っている。都市は歴史の作品、すなわち歴史的諸条件のなかにおいてこの作品を完成するところのはっきりと確定された人々や集団の作品である。諸々の可能性を許すものであると同時に限定するものであるそれらの条件は、それらの条件から、それらの条件のなかで、それらの条件によって生まれるものを説明するのに、けっして十分ではない。西欧の中世が創り出した都市がそうであった。商人や銀行家たちによって活気づけられ、支配されたこの都市は、彼等の作品であった。歴史家は、それをたんなる取引きの対象、たんなる利益の機会として考えることができるであろうか。けっしてそうではなく、まさしくそうではない。これらの商人や銀行家たちは、交換を推進し、それを一般化するため、交換価値の領域を拡大するために行動するのだが、しかし、それにもかかわらず、都市は彼等にとって、交換価値であるよりは遥かによけい使用価値であった。彼等は、すなわちあのイタリアやフランドルやイギリスやフランスの都市の商人たちは、彼等の都市を、あらゆる芸術作品によって飾られた芸術作品として愛したのである。したがって、逆説的にも、商人や銀行家たちの都市は、われわれにとって、使用（享楽、美、出会いの場所の快適さ）が利益や利潤とか交換価値や市場やそれらの要求や強制とかよりも優位を占めている都市現実の典型や範型であり続けている。同時に、商品や貨幣の取引きによる富とか、金の力とか、この力の厚顔無恥とかもまた、この都市のなかに記入され、そこにひとつの秩序を処分する。したがって、このような資格においてもやはり、この都市は、ある人々にとっては、範型や原型であり続けているのである。《生産》という言葉を広い意味（作品の生産や社会関係の生産）にとると、歴史のなかには、知識や文化や芸術作品や文明の生産があり、もちろん物質的財貨や実践的＝感覚的物体の生産があったのと同様に、都市の生産があった。これらの生産の様態の相違を無視してそれらを混同する権利は誰にもないけれども、それらはたがいに切り離されるものではない。都市は物体であったし、いまもなおそうである。けれども、それは、この鉛筆とかこの紙片とかのごとき、ある操作しうる道具的な物体のように物体なのではない。都市の客体性、あるいは《物体性》は、むしろ個人や集団がそれを改変するより前に受け取るところの言語の、あるいは言語体（ある社会の作品であり、ある集団群によって語られるある言語体）の物体性に比べられることができるであろう。また、この《物体性》は、哲学者たちの古い抽象的な物体や直接的な日常的物体によりは、むしろ書かれた書物のごとき文化的現実の物体性に比較されることができるであろう。さらにいくつかの用心が必要である。たとえ都市を書物や文章に（記号論的体系に）比較するとしても、私は都市の媒介的性格を忘却する権利を持っていない。私は、都市をひとつの完全な体系として孤立化させることによって、都市を、それが内包しているものや、それを内包しているものから切り離すことができないのである。せめて、せいぜいのところ、都市はひとつの下次体系、下次総体を構成するにすぎない。この書物の上に、この文章とともに、精神的および社会的な諸々の形態や構造が投影されることになるのだ。ところで、分析はテクストから出発してこの文脈《コンテクスト》に到達することができるのだが、その文脈はそこには与えられていない。それに到達するには、さまざまな知的作業、さまざまな考察の手続き（演繹《デデュクシオン》、帰納《アンデュクシオン》、翻訳《トラデュクシオン》、転繹《トランスデュクシオン》）が必要とされる。全体性は、「都市」というこの書かれたテクストのなかに直接的に現存してはいないのである。もともと透きとおって見えるのではない（透明ではない）他のさまざまな水準の現実が存在する。都市は書き〔エクリール〕、そして処方する〔プレスクリール〕。ということは、都市は意味するということ、すなわち都市は命令し、規定するということである。なにを？　それを発見するのは考察の任務である。このテクストは、さまざまなイデオロギーを通過した。そしてまた、それらのイデオロギーを《反映》している。遠い秩序は、近い秩序の中に＝上に投影されている。しかしながら、近い秩序は遠い秩序を透明のなかにおいて反映しているのではない。遠い秩序は、直接的なるものを諸々の媒介を通して自分に従属させているのであって、自分をひとの手に渡しはしない。それどころか、遠い秩序は、自分の姿を露わにすることなく、わが身を隠すのである。遠い秩序は、まさにこのように行動するのだ。だからといって、「秩序」とか「総体的なるもの」とか「全体的なるもの」とかの超越について語る権利は誰にもない。都市というものを、若干の歴史的・社会的な《作因》の作品とみなすとすれば、このことは、行動と結果、集団（あるいは集団群）とその《生産物》とをはっきりと区別することへと導く。だからといって、それらを切り離すわけではない。諸々の行為や行動、決定や振舞の規則づけられた継起なしには、通達や法典なしには、作品は存在しない。また、諸々の物なしには、造形すべき材料なしには、実践的＝感覚的現実なしには、ある風景とか《自然》とか田舎とか周囲とかなしには、作品は存在しない。諸々の社会的関係は、感覚的なものから出発して到達される。それらはこの感覚的世界に帰着しはしないが、しかしながら空中に漂うのでもなく、超越のなかに逃れるのでもない。社会的現実が諸々の形式や関係を含んでいるとしても、それが感覚的あるいは技術的な孤立した物体と同様のやり方で考えられることができないとしても、その現実は、繋索なしに、諸々の物体や物への連結なしには存続できない。方法論的・理論的に重要なこの点を十分に強調しよう。そんなわけで、物質的形態論と社会的形態論とを区別する理由や根拠が存在するのである。おそらく、われわれはここで、現存的・直接的な現実であり、実践的＝感覚的で建築的な所与である都市と——他方、思惟によって構想し、構築し、あるいは再構築すべき諸関係から組立てられた社会的現実である《都市的なるもの》とのあいだの区別を導入しなければならないであろう。しかしながら、この区別は危険なものとして姿を現わし、いま提案した名称を扱うには危険がともなう。このようにして指名される都市的なるものは、土地とか物質的形態論とかなしにすませるように思われ、諸々の繋索や一種の想像的超越のなかへの記入から解放されて、本質や精神や魂の思弁的存在様式にしたがって描かれるように思われる。この用語法を採用するならば、《都市》と《都市的なるもの》とのあいだの関係は、混同をも分離をも、感覚的直接性への還元をも形而上学をも避けて、最大の注意をもって確定されなければならないであろう。都市生活、都市社会、要するに《都市的なるもの》は、ひとつの実践的＝感覚的な土台に、ひとつの形態学なしにすますことはできない。それを持っているか持っていないかどちらかである。もしもそれを持っていないとすれば、もしも《都市的なるもの》や都市社会がこの土台なしに考えられるとすれば、それはひとがこれらを可能性として感知しているからであり、現実社会の諸々の潜在性がいわば都市計画的思惟や認識を通して、すなわちわれわれの《考察》を通して、みずからの肉化や体現を追求しているからである。もしも《都市的なるもの》や都市社会がこれらのものに遭遇しなければ、これらの可能性は死滅する。これらの可能性は消滅へとむけられるのである。《都市的なるもの》、それは魂とか精神とか哲学的本質とかではないのだ。

連続と非連続

多くの歴史家たちの単純化する進化説や、多くの社会学者たちの素朴な連続説のごとき伴立をともなった有機体説は、都市現実の特殊的な性格を隠蔽した。社会的な形成物や作品としてのこの現実の諸々の《生産的》行為あるいは事件は、認識の手から逃れた。この意味においては、生産するということは創造するということ、すなわち生産的活動以前には存在していなかった《何物か》を誕生させるということである。ずっと以前から、認識は創造の前では躊躇している。あるときは、自然発生性は未知のものとか認識不可能なものから出現するのであるがゆえに、創造というものは不合理的にみえるのであり、あるときは、ひとは、創造というものを否定して、生まれるものを先在したものに帰着させるのである。科学は、決定論の科学、強制の認識たらんと欲する。科学は、誕生とか死滅とか移行とか消滅とかの探索を、哲学者たちに委ねるのである。哲学に異論をとなえる人々は、このことによって、創造という観念を放棄する。諸々の都市的現象の研究は、これらの障害やジレンマの乗り越えに結びつき、認識する理性に内在するこれらの葛藤の解釈に結びつく。

また、このように有機体説的範型によって構想された歴史や社会学は、過去のなかにも現在のなかにも、諸々の差異をとらえることができなかった。創造を犠牲にするのと同様に、これらの差異を犠牲にして、誤った還元が行なわれたのである。これらの還元的な作業のあいだの関係は、かなり容易にとらえることができる。特殊的なものが、単純化する図式の前に逃げ去るのである。多様な錯綜した危機（都市の危機や都市的なるものの危機をふくむ）によって発散されるいささか乱れた光のなかで、あまりにしばしば卵とか隅々まで書き込まれたページとかのように充満したものだと信じられた《現実》のさまざまな裂け目のあいだで、いまや分析は、創造的行動が直接的・演繹的に総体的な過程（経済的、社会的、政治的、文化的）から出てくるのではなくて、何故にいかにして、これらの過程が都市的空間を造り出し、都市をかたちづくったかを感知することができる。実際、これらの過程が都市的な時間や空間に影響を与えたとすれば、それは、それらの過程のなかに自分を導き入れ、それらをわが身に引き受け、それらを我有化することを諸集団にたいして許容することによってである。そして、空間を創出し彫刻する（比喩を用いるならば）ことによって、みずからにリズムを与えることによってである。そのような集団は、また、生き方、家族の持ち方、子供の育て方や教育の仕方、大小の差はあれある地位を婦人に委ねる委ね方、富を利用したり移動させたりするやり方などに革新をもたらした。このような日常生活の変貌は、都市的現実から動機づけを得つつも、その現実を改変した。都市は、これらの複雑な相互作用の場所であると同時に環境であり、劇場であると同時に賭金である。

都市の（都市的なるものの）理論のなかへ、歴史や社会学のなかへの時間的および空間的な非連続性の導入は、それを悪用する権利を与えるものではない。有機体説や連続説にたいして、理論によって聖化しつつ、諸々の分離を置きかえるべきではない。都市が社会的現実の特殊な水準として現われるとしても、諸々の一般的過程（その最も重要で最も近づきやすいものは、商業的交換の一般化、そのような総体的な枠のなかにおける工業化、競争的資本主義の樹立であった）は、この特殊的な媒介の上方で展開されたのではない。他方、個人的および個人相互的な直接的関係（家族、近隣、職業や同業組合、職業間の分業など）の水準は、抽象によってしか都市的現実から切り離されない。認識の正しい進め方は、この抽象を分離へと変えることはできない。考察は、切断が分節に従うために分節を強調するのであって、現実的なるものの関節をはずすためではない。絶対的な分離あるいは非連続を避けるとともに、錯覚的な連続のなかにおける混乱をも避けること、それが方法論的規則である。したがって、現実の諸々の水準のあいだの分節の研究は、これらの水準のあいだのねじれやはずれを明らかにすることを可能ならしめるのであって、これらの水準をぼかすことを可能ならしめるのではない。

都市は、たんに相対的に連続的な《総体的過程》(交換におけるその諸帰結をともなった時代の経過のなかの物質的生産の増大、あるいは合理性の発達のごとき)に応じて変貌するばかりではなく、また生産様式における、《都市＝田舎》の関係における、階級や所有の関係における深い変化にしたがっても変貌する。ここでは、正しい進み方は、最も一般的な知識から、歴史的な過程や非連続に関する知識へ、それらの知識の都市のなかへの投影あるいは屈折へと、そしてまた逆に、都市現実に関する特定的・特殊的な知識から、それらの総体的な文脈へと赴くことである。

都市とか都市的なるものとかは、階級や所有の関係から由来する諸々の制度なしには理解されることができない。不断の作品であり行為である都市それ自身、特殊な制度、すなわち自治体を生み出す。最も一般的な制度、すなわち国家とか支配的な宗教やイデオロギーとかに属する制度は、それらの所在地を政治的・軍事的・宗教的都市のなかに持っている。それらの制度は、そこで、行政的・文化的な独自的に都市的な諸制度と共存する。そのことから、社会の変化を貫いてのある種の注目すべき連続が現われるのである。

周知のとおり、アジア的生産様式の地所の上における表現であり投影であり、その結果であり原因である東洋的な都市が存在したし、なおも存在している。この生産様式においては、国家権力は、都市に居を定めて、多かれ少なかれ広大な農地地帯を経済的に組織し、水や灌漑や排水や土地の利用、要するに農業生産を支配し、制御する。奴隷制時代には、周辺の農業区域を組織化する——暴力により、法律的合理性により——けれども、自由農民（所有者）を巨大所有地型の所有権によって置きかえることによって、自分自身の土台を掘り崩す都市が存在した。また西欧には、農業が強力に優位を占めていた封建的生産様式と結びついているが、しかしまた商業の場所でもあり、生まれたばかりのブルジョアジーと土地的封建制とのあいだの階級闘争の劇場でもあり、国家の（王の）行動の弾着点であり槓杆でもある中世都市が存在した。最後に、西欧や北アメリカには、資本主義の興隆にともなって形成され、そのブルジョアジーが社会の総体を手中におさめて管理することができたところの政治的国家によって多かれ少なかれ刻印された商業的および工業的な資本主義的都市が存在したし、いまも存在する。

非連続は、たんに都市的形成物のあいだに位置しているだけではなく、最も一般的な社会的関係のあいだにも、個人や集団の直接的な関係のあいだ（諸々の法典や下次法典のあいだ）にも位置している。ところで、中世的都市は八世紀近く以前から続いている。現在の大都市の破砕は、中世的起源をもつ都市の中核を解体する傾向がある。それらの中核は、多くの中小都市では存続しているのだ。こんにち中心性のイメージ（それは、多数の都市の中心なしには、おそらく消滅したであろう）を保護し永続させているところの多数の都市の中心は、きわめて古い古代にまで溯るものである。このことは、連続説的幻想や進化説的イデオロギーを説明するが、だからといって、それらを正当化しはしない。この幻想やこのイデオロギーは、都市や都市的なるもののなかにおける、そして特に《連続＝非連続》の関係のなかにおける弁証法的な運動を隠蔽した。発展の途上において、形式は機能へと変わり、そして、それをふたたび取り上げて変化させる構造のなかへ入る。このようにして、ヨーロッパの中世から始まる商業的交換の拡大は、商業都市（諸々の商品を完全に統合し、広場や市場や取引所のまわりにたてられた）というあの驚くべき構成体を生み出す。工業化が行なわれて以来、これらの局地的な、または局地化された市場は、もはや都市の生命のなか、都市と周辺の田舎との関係のなかにおけるひとつの機能をしか持たない。形式は、機能となって、新しい構造のなかに入る。ところが、都市計画家たちは、最近、商業的中心を発明したと思った。彼等の考えは進んでいった。居住の機能に帰着せしめられた裸の空間に、商業的中心が差異をもたらし、豊富化をもたらすというわけなのであった。ところが、これらの都市計画家たちは、たんに都市と田舎との歴史的関係とかブルジョアジーと封建制との闘争とか専制的な王制国家との政治的関係とかをはぎ取られ、したがって局地的交換の単一機能性へと帰着せしめられた中世都市を再発見していただけなのである。

　諸形式、諸構造、都市の諸機能（都市における、都市と都市によって影響されあるいは管理される領地との関係における、社会や国家との関係における）は、たがいに作用し合い、変貌した。今日、思惟がその運動を再編成し、支配することができる。各々の都市的構成体は、興隆、絶頂、没落を経験した。それらの断片や破片は、その後、ほかの構成体にたいして、ほかの構成体のなかで、役立った。「都市」は、その歴史的な動きのなかで、その特殊的な水準において（総体的な変貌の下方、その手前において、しかし、局地的に根を張り、しばしば土地の聖化に結びついていて、したがって持続的で一見ほとんど永久的な諸々の直接的関係の上方において）、いくつかの危機的な時期を通過した。破壊と再建とが、時間と空間のなかで、たがいに継起するのだが、それらは、つねに地所の上に表わされ、実践的＝感覚的なるもののなかに記入され、都市のテクストのなかに書き込まれるけれども、ほかのところから、すなわち歴史から、生成から由来するのである。超感覚的なるものからではなく、ほかの水準から由来するのだ。局地的な諸行為や諸動因が諸々の都市を特徴づけたのであるけれども、また生産や所有の非人称的な諸関係が、したがって諸々の階級や階級闘争が、つまり諸々のイデオロギー（宗教的、哲学的、すなわち倫理的、美学的、法律的など）が、やはり都市を特徴づけたのである。地所とか都市の特殊的平面とかへの総体的なるものの投影は、諸々の媒介を通してしか遂行されなかった。それ自身媒介である都市は、諸々の媒介の場所であり所産であり、それらの媒介の活動の地所であり、それらが提案するものの対象であり目標であった。総体的な諸過程、一般的な諸関係は、諸々のイデオロギーによって書きかえられ、諸々の政治的な傾向や戦略によって解釈されてしか、都市のテクストのなかに記入されないのであった。そこから、都市を、言語学から出発して、すなわち、都市言語から、あるいは諸々の記号の総体として考えられる都市現実から出発して、ひとつの意味論的、記号論的あるいは記号学的体系として構想することの困難さが由来するのだが、いまやこの困難さを強調しておかねばならない。社会の一般的規範《コード》は、ある特殊的水準への投影のあいだに変わる。都市的なるものの特殊的規範《コード》は、一般的規範の原文や原型なしには理解できない転調であり吹き替えであり翻訳である。そうだ。都市は、書かれるがゆえに、文章《エクリチュール》であるがゆえに、読まれるのである。しかしながら、文脈に頼ることなしにこのテクストを調べることでは十分ではない。この文章あるいはこの言語について書くこと、都市の超言語《メタ・ランガージュ》を練り上げること、それは都市や都市的なるものを認識することではない。文脈、解読すべきテクストの下方にあるもの（日常生活、諸々の直接的関係、《都市的なるもの》の無意識的なるもの、ほとんど語られることなく、書かれることはさらに少ないもの、居住空間では隠されていて——性的および家族的生活——面とむかってはほとんど表わされないもの）、この都市のテクストの上方にあるもの（諸々の制度やイデオロギー）、これらが解読のなかで無視されることはできない。一冊の本があるだけでは十分ではないのである。その本を読み、さらに読み返さなければならない。しかも、きわめて上手に。もっと上手に、その批判的読書にまで至らなければならない。本は認識にたいしていくつかの質問を発する。「誰を、そして何を？　どのように？　何のために？　誰のために？」これらの質問は、文脈の再構成を告知し要請する。したがって、都市は、確定され、体系として閉じられたひとつの意味する体系として考えられることはできない。現実の諸水準を考慮に入れることが、他の場所でと同様に、ここでも、このような体系化を禁ずるのである。とはいえ、「都市」は、田舎とか直接的生活とか宗教や政治的イデオロギーとかから来た意味をも含めて、あらゆる意味を奪い取って、それらを語り、書く（それらを規定し、《意味する》）という独特な能力を獲得した。都市において、諸々の記念建造物や祭りが、これらの意味を持つに至ったのである。

各々の危機的時期に際して、都市の自然発生的な成長が停滞し、それまで支配していた諸々の社会関係によって方向づけられ特徴づけられる都市の発達が停止すると、そのとき都市計画的な考察が出現する。継続的な上昇のなかにある合理性あるいは内的調和の兆候であるよりは（これらの点についての諸々の幻想が規則的に再生産されるけれども）変異の兆候であるこのような考察は、都市の哲学を、治療学に、都市空間にたいするさまざまな行動計画に混ぜ合わせる。このような不安を合理性や組織と混同することは、さきに告発しておいたイデオロギーである。このイデオロギーを貫いて、諸概念や理論は、難儀しながらみずからの道を切り開く。

ここで、都市を定義しておくべきであろう。概念はそれを運搬する諸々のイデオロギーから徐々に取り出されるのだというのが正確であるならば、概念はこの歩みの途上において定式化されるはずである。したがって、われわれはここで、地所の上への社会の投影、すなわちたんに感覚的な風景の上ではなくて、都市や都市的なるものを規定するところの、思惟によって知覚され構想される特殊的な平面の上への、社会の投影という都市の最初の定義を提案する。この定義をめぐる長い議論が、その欠陥を示した。まず、それはいくつかの補充的な明確化をうながす。記入され投影されるのは、たんに遠い秩序、社会的総体性、生産様式、一般的規範だけではなくて、またひとつの時間あるいはむしろ諸々の時間であり、リズムでもある。都市は、ひとつの論述的な文章のように読まれるのと同様に、ひとつの音楽のように聴かれるのだ。第二に、この定義は、いくつかの補足をうながす。それは、ある種の歴史的、種属的あるいは発生論的な相違を明るみに出すけれども、他の現実的な相違、すなわち歴史から由来する都市の諸々の型のあいだ、都市のなかにおける分業の諸結果のあいだ、なお存続する《都市＝領土》という関係のあいだの相違を傍に放置している。そこから、おそらく最初の定義を破壊しはしない第二の定義が生まれる。それは、諸都市間の相違の総体としての都市という定義である。こんどはまた、この規定が不十分なものとして現われる。一般性によりはむしろ特殊性に力点を置きながら、この定義は、都市生活の諸々の独特性、都市の諸々の生き方、本来的な意味での都市に住むことを無視しているのである。そこから、複数性による、さまざまなパターンとか都市生活のさまざまな生き方とか（一戸建て、団地、共同所有、借家、日常生活およびインテリ、職人、商人、労働者におけるその様態など）の、都市的なるもののなかにおける共存や同時性による、もうひとつの定義が生まれる。

これらの定義（社会的現実の諸水準と相関的な）は、網羅的たらんとしているものではなく、他のさまざまな定義を排除しはしない。もしもある理論家が、都市に、欲望と欲求とのあいだ、満足と不満足とのあいだの対決や関係（葛藤的）を見るとしても、そして、彼が都市を《欲望の場所》として描くにまで至るとしても、これらの規定は、検討され、考察のなかに取り入れられるであろう。それらが心理学というひとつの細分化された科学の領域に限定される意味をしか持たないということは確かではない。そのうえ、都市の歴史的役割、すなわち諸々の過程（交換や市場、知識や資本の蓄積、これらの資本の集中）の促進とか諸々の革命の場所とかを強調しなければならないであろう。

こんにち、諸々の決定の中心となることによって、あるいはむしろ決定の諸中心を寄せ集めることによって、現代都市は、社会全体の（たんに労働者階級のみならず、非支配者的な他の諸々の社会階級の）搾取を組織することによって、その搾取を強化している。このことは、現代都市は生産や資本の集中の受動的な場所ではなく、《都市的なるもの》はそれなりに生産のなかに（諸々の生産手段のなかに）参加しているということを意味する。

現実と分析との諸水準

これまでの考察は、諸々の都市的現象の（都市の感覚的および社会的形態等の、あるいはこういった方がよければ、都市とか都市的なるものとかそれらの結合とかの）分析は、形式《フォルム》、機能、構造——水準、次元——テクスト、文脈《コンテクスト》——場と総体、文章《エクリチュール》と読解《レクチュール》、体系、意味するものと意味されるもの、言語と超言語、制度などといったあらゆる方法論的道具の使用を要求するということを示すのに十分である。しかも、周知のとおり、これらの用語のどれひとつとして、厳密な純粋さには到達せず、曖昧性なしに定義されず、多義性を逃れはしないのだ。たとえば、論理学者、文芸批評家、美学者、言語学者にとって多様な意味を持つ形式《フォルム》という語のごときがそうである。

都市や都市的なるものの理論家たちは、これらの用語が、出会いや交換の場である同時性の形式として定義されるというであろう。《形式《フォルム》》という語のこのような受け取り方は、明確化されなければならないであろう。さらに機能という用語を考察しよう。分析は、都市に内在する諸機能、領土（田舎、農業、村落と部落、網の目のなかにあるより小さく従属的な諸都市）との関係における都市の諸機能、そして最後に、社会的総体のなかにおける都市の――各々の都市の――諸機能（諸都市間の技術的および社会的分業、さまざまな関係の網の目、行政的および政治的階層制度）を区別する。構造についても同様である。都市の（形態学的および社会的に、地勢学的および地点的に、各々の都市の）構造があり、つぎに社会の都市的構造、そして最後に都市＝田舎という関係の社会的構造がある。そこから、分析的・部分的な諸規定の錯綜と、総体的な理解の困難さが生まれる。

　ここでも、他の場所でと同様に、最もしばしば、三つの項が認められるが、それらの葛藤的（弁証法的）関係は、一項一項の対立の下に隠されている。田舎、都市、社会を管理し支配する国家（この社会の階級構造との関連を持たなくはない）をともなった社会がある。また、すでにこのことを示そうとする試みがなされたとおり、諸々の一般的（総体的）過程、特殊性として、中間的水準としての都市、つぎに、諸々の直接性の関係（生活し、居住し、日常的なるものを造型するひとつのやり方に結びついた）がある。このことは、いまや、これらの水準のより明確な定義を要請するのであるが、これらの水準は、切り離すことも混ぜ合わすこともできないようなものであって、それらの結節や分節、相互の投影、さまざまな結合を示すことが必要なのである。

　最も高い水準は、都市の上方にと同時に都市のなかに存在する。このことは分析を単純化しはしない。社会的構造は、都市のなかに姿を現わし、そこで感覚的なものとなり、そこでひとつの秩序を意味する。逆に、都市は、社会的総体のひとつの断片である。都市は、諸々の制度やイデオロギーを内包し、それらを感覚的物質のなかに併合するがゆえに、それらを啓示する。王や皇帝や大統領の建物は、都市のひとつの持ち分、すなわち政治的な（枢要な）持ち分で《ある》。これらの建物は、制度とか支配的な社会関係とかと合致しはしない。しかも、それにもかかわらず、これらの関係は、それらの建物にたいして作用し、それらの有効性や社会的《現存》を代表する。そんなわけで、その特殊的な水準において、都市はこれらの関係の投影を内包している。ある特定の事例によって例証しつつこの分析を明確化するとすれば、パリにおける社会秩序は、最も高い水準においては、内務省において、または内務省によって代表され、特殊的な水準においては、警視庁によって、そしてまた地区の警察署によって、そしてさらに、あるいは総体的な規模で、あるいは地下の物蔭で行動するさまざまな警察組織によって代表される。宗教的イデオロギーは、上級の段階においては、大寺院によって、「教会」の大きな機関の所在地によって、そしてまた諸々の教会堂とか地区の司祭館とか制度化された宗教的実践のさまざまな局地的授託所によって、意味される。

この水準において、都市は、二重の形態学（一方において実践的＝感覚的あるいは物質的、他方において社会的）をともなった諸集団の集団として現われる。都市は、諸々の業務と諸々の問題、諸々の情報通路、諸々の網の目、諸々の決定権力をともなった市役所のごとき特定の諸制度を軸とする運転規範を持っている。この平面の上に、社会的構造が投影されるのであるが、このことは、都市に、ある都市に固有の諸現象とか、都市生活のこの上なく多様な表われとかを排除しはしない。逆説的にも、この水準でとりあげられると、都市は、公共の建物とか記念建造物とか広場とか街路とか大小の空地とかいった非居住の、そして居住不可能でさえある空間から組立てられている。したがって、まさに《居住地》は都市を構成せず、都市はこの孤立化された機能によって定義されることはできないのである。

生態学的水準においては、居住することが本質的なことになる。都市は、居住することを包んでいる。都市は、この《私的》な生活の場所の形態や包装であり、諸々の情報を許容し、諸々の命令を伝える（遠くの命令を近くの命令に押しつけつつ）網の目の起点にして終点である。

ふたつの手続きが可能である。第一の手続きは、最も一般的なものから最も独特なものへ（諸々の制度から日常生活へ）赴き、そうして、特殊的な平面として、（相対的に）特権的な媒介としての都市を発見する。第二の手続きは、この平面から出発して、都市的な観察可能物のなかにおいて諸々の要素や意味を採取しつつ、一般的なるものを構築する。それは、この同じやり方から発して、観察可能物の上において、《私的なるもの》、隠された日常生活、すなわち日常生活のリズム、その用事、その空間＝時間的な組織、その内密の《文化》、その地下生活などに到達する。

各々の水準において、いくつかの同域が定義される。すなわち、政治的、宗教的、文化的、商業的などの空間である。これらの同域にたいして、諸々のほかの水準は異域として現われる。しかしながら、各々の水準において、この同域＝異域という関係のなかへと回帰する諸々の空間的な対立が現われる。たとえば、集団的《居住地》と一戸建て《居住地》との対立のごときがそれである。都市全体は、他の諸々の同域を合体させる、あるいはむしろ他の諸々の同域に（従属的であると同時に構成要素的でもある空間的下次総体に）重なり合う最も広い同域を構成するのであるから、特殊的な平面上の諸空間もまたこの同域＝異域という基準にしたがって分類されることができる。諸々の対立によるこのような分類は、諸水準の分析をも、諸々の葛藤的な様相（たとえば諸々の階級関係）をともなった総体の運動の分析をも排除することができないであろう。《居住すること》の水準たる生態学的水準においては、《一戸建て世界》がそれの特別に興味深い事例を提供しているような諸々の意味する総体、諸記号の部分的体系が構成される。諸水準（各々の水準はまた第二次的な諸水準を含んでいる）の区別は、本質的な諸関係の分析において、たとえば、どのようにしてフランスでは《一戸建て的な価値》が社会的意識とか他の居住様式のなかにおける《価値》とかにとっての参照基準となるかを理解するために、この上なく大きな有用性を持っている。内包＝排除という関係、都市の或る空間への所属あるいは非所属という関係の分析のみが、都市の理論にとって大きな重要性を持つこれらの現象に接近することを可能ならしめる。

その特殊的な平面上において、都市は、政治的、宗教的、哲学的な諸々の現存する意味を手中に収めることができる。都市は、それらの意味を語り、諸々の建物や記念建造物の途《ヴォワ》によって——あるいは声《ヴォワ》によって——そしてまた諸々の街路や広場によって、諸々の空地によって、そこに起る諸々の出会いの自然な演劇化によって、さらには諸々の祭りや儀式（資格づけられ、適応させられた場所をともなう）によって、それらの意味を展示するために、それらの意味を捉えるのである。文章《エクリチュール》のほかに、より重要な都市の語り《パロール》が存在する。これらの語りは、生と死、喜びあるいは不幸を語るのだ。都市は、都市をひとつの意味する総体にするところのこのような能力を持っているのである。とはいえ、さきの指摘を補強するならば、都市はこの任務を優雅に遂行するわけでもなく、無償で遂行するわけでもない。ひとはそのことを都市に要求しはしないのだ。衰頽の現象たる審美主義は、遅くやって来る。都市計画と同様に！　意味という形態のもとに、同時性や出会いという形態において、最後に、《都市的》な言語とか文章とかという形態において、諸々の命令を都市が伝えるのである。遠くの命令は、近くの命令のなかに投影される。この遠くの命令は、けっして、あるいはほとんどけっして、単一ではない。宗教的な命令、政治的な命令、道徳的な命令があり、それぞれが諸々の実践的な付随的内容を持ったひとつのイデオロギーへとつながっている。これらの命令のあいだで、都市は、その平面上において、ひとつの統一、あるいはむしろひとつの融合を実現する。都市は、これらの命令を隠し、それらを苛烈なものにしながら、それらの敵対性や葛藤を隠蔽する。都市は、それらを行動の指令へ、時間割へと翻訳する。都市は、時間割とともに、諸々の場所や瞬間や仕事や人々の精密な階層制度を制定する（意味する）。しかも、都市は、独創的な都市生活が存在するかぎりにおいて、これらの命令を、ひとつの様式《スチル》のなかへと屈折させる。そのような様式《スチル》は、建築的なものとして性格づけられ、芸術とか芸術作品の研究とかに所属する。

したがって、「都市」の記号学は、この上なく大きな理論的・実践的興味を呼ぶものである。「都市」は、諸々の信号を発し、また受ける。これらの信号は、理解され、あるいは理解されない（通信符号化され、解読され、あるいはされない）。したがって、「都市」は、意味するものと意味されるもの、意味と意義のごとき、言語学から出た概念にしたがって捉えられることができる。とはいえ、「都市」を、諸々の意味や意義の、したがって諸々の価値の体系（唯一の体系）とみなすことができるためには、この上なく大きな留保や用心が必要である。ここでも、他の場所でと同様に、いくつかの体系（あるいはこういった方がよければ、いくつかの下次体系）が存在する。しかも、記号学は、都市の実践的・イデオロギー的な現実を汲みつくしはしない。意味の体系としての都市の理論は、ひとつのイデオロギーへとむかう。それは、《都市的なるもの》を《意味するもの＝意味されるもの》という関係に帰着させることによって、そして、実際に知覚される諸々の意味から出発して外挿法を行うことによって、《都市的なるもの》を、その形態論的土台から、社会的実践から、切り離すのである。それは、大きな天真爛漫さなしには存在しえない。ボロロの村のごとき村〔ボロロ族は、ブラジルのマト・グロッソに居住するインディアンで、狩猟、採集生活をし、母系半族からなる村を形成している。一九三五年にここを訪れたレヴィ＝ストロースの文化人類学的研究によって知られる〕が意味し、ギリシャの都市が意義に充ちているということが真実だとしても、われわれは「現代」の記号によって満たされたボロロの広大な村を建設しようとするであろうか。あるいはまた、新しい都会の中心に、もとの意義をともなったアゴラ〔古代ギリシャの都市の広場〕を再建しようとするであろうか。《意味するもの＝意味されるもの》という形式的な関係の物神化は、より深刻な不都合さを内包している。それは、管理される消費のイデオロギーを受動的に受け入れる。あるいはむしろ、そのイデオロギーに貢献する。消費のイデオロギーのなかで、そして《現実的な》（括弧つきの）消費のなかで、記号の消費は次第に大きな役割を演ずるようになっている。その消費は、活動なく参加なく作品も生産物もない《純粋の》見世物の消費を廃絶しはしない。その消費は、それにつけ加わり、重層的決定として、それに重なり合うのである。まさにこのようにして、諸々の消費財のための広告が、主要な消費財となるのだ。

広告は、芸術や文学や詩を自分に合体させ、それらを修辞法として利用しつつ、それらにとってかわろうとする。このようにして、広告は、この社会のイデオロギーそのものになる。各々の《品物》、各々の《財貨》は、ひとつの現実とひとつの像《イマージュ》へと二重化して、後者が消費の本質的な部分をなすのだ。ひとは、諸々の品物と同じく諸々の記号を、すなわち幸福とか満足とか力とか富とか学問とか技術などの記号を、消費するのである。これらの記号の生産は、総体的な生産に統合され、他の諸々の生産的あるいは組織者的な社会的活動にたいして主要な総合的役割を演ずる。記号は、売買される。言語は、交換価値となる。記号や意味一般の外観のもとに、この社会の諸々の意味が、消費へと委ねられるのだ。したがって、都市や都市現実を記号の体系として考える者は、暗黙裡に、それらをまったく消費可能な物体として、すなわち純粋状態における交換価値として、消費へと委ねるのである。諸々の場所を記号や価値へと変え、実践的＝感覚的なるものを形式的意味へと変えつつ、この理論はまた記号を知覚する者を記号の純粋な消費者へと変える。興業者たちによって構想されるパリ二号とかパリ三号とかは、記号の消費の強さによって上級の段階へと格上げされた消費の中心ではなかろうか。都市の記号学は、もしもその天真爛漫さを失うならば、それらに奉仕することになるおそれがある。

本当は、記号学的分析は、多数の水準や次元を区別しなければならない。都市の語り、すなわち、街路とか広場とか空地とかを通過し、そこで起っていること、そこで語られていることが存在する。都市の言語体、すなわち、述話のなかで、身振りや衣裳のなかで、言葉とか住民たちによる言葉の使用とかのなかで表現されるところの或る都市に固有の諸特性が存在する。従属的意味《コノタシオン》の言語とみなし、表示的《デノタティフ》体系（ここでイエルムスレウ（構造言語学の開拓者のひとりとみなされるデンマークの言語学者。一八九九―一九六五）とグレマス（リトアニア生まれのフランスの言語学者。パリ大学付属高等学術研究院歴史・言語学部一般意味論研究科教授）の用語を用いるならば）の内部の第二次的な派生的体系とみなすことのできる都市言語が存在する。最後に、都市の文章、すなわち、都市の壁の上とか、諸々の場所の配置やそれらの連鎖とかのなかに記入され処方されるもの、つまり都市のなかにおける都市の住民たちの時間割が存在する。

記号学的分析はまた、諸々の水準、すなわち、意義素《セマンテーム》あるいは意味する要素（直線あるいは曲線、表示法、入口や門や窓や隅や角などの基本的形態）の水準――形態素《モルフェーム》あるいは意味する物体（家屋、街路など）の水準――そして最後に、都市そのものをも含む意味する総体あるいは超＝物体の水準を、区別しなければならない。

どのようにして総体性が意味されるか（権力の記号学）――どのようにして都市が意味されるか（これが本来的に都市的な記号学である）――そして、どのようにして諸々の生き方や住み方が意味されるか（これは日常生活の記号学であり、居住することや居住地の記号学である）を研究しなければならない。自然から、すなわち地方や風景（たとえば樹木）から由来する諸々の意味を捉えて提示するものとしての都市と、記号の消費の場所としての都市と混同することはできない。それは、祭りと通常の消費とを混同することになるであろう。

諸々の次元を忘れないようにしよう。都市は、ひとつの象徴的な次元を持っている。諸々の記念建造物は、そしてまた空地も広場も並木道も、宇宙を、世界を、社会を、あるいはたんに国家を、象徴するのだ。都市は、ひとつの語形変化的な次元を持っている。都市は、内部と外部、中心と周辺、都市社会へ統合されたものと統合されないものというような諸々の対立を含み、それらを示すのである。最後に、都市はまた、辞節的な次元、すなわち諸要素の結合とか諸々の同位体や異位体の結節とかを所有している。

その特殊的な水準において、都市は、他の諸々の下次体系を反映し、提示し、直接的なるものとか体験されたものとかの幻想のなかで、ひとつの《世界》として、ひとつの唯一の全体性として姿を現わす能力を持つがゆえに、特権的な下次体系として現われる。この能力のなかにこそ、まさに都市生活に固有の魅力とか緊張とか色調とかが宿っているのだ。けれども、分析は、このような印象を払拭し、統一性の幻想のなかに隠されているいくつかの体系を暴露する。分析は、そこにより広い認識の諸相を識別するかわりに、《都市的なるもの》の平面上に自己を維持して、この幻想を分有し、それを強化する権利を持ってはいない。

われわれは、ここで、意味の下次体系の、したがって記号学的分析が都市や都市的なるものの認識にもたらしうるものの目録表を作り終えたわけではない。もしもわれわれが諸々の一戸建て区域や《新団地》を考察するならば、われわれは、それらの各々が意味の体系（部分的な）を構成しており、それらの各々を重層的決定するもうひとつの体系が、それらの対立から出発して立てられるということを知る。まさにこのようにして、一戸建ての住民たちは居住地についての想像的なるもののなかで自己を知覚し、自己を構想するのであり、《団地》族は居住地についてのイデオロギーを樹立して、この強制的な合理性にしたがって自己を知覚するのである。同時に、同じことの結果として、一戸建て区域は居住地とか日常性とかが自己を評価するための参照物となり、実践は想像的なるものとか記号とかを身にまとうのだ。

諸々の意味の体系のなかで、建築家たちの体系を最大の注意（批判的な）をはらって研究すべき理由がある。しばしば、才能ある人々が、図記法とか紙上への投影とか可視化とかの体系のただ中にとどまっていながら、認識や経験のただ中で自分を考えているのだと思い込むということが起るのである。建築家たちの方でも、しばしば彼等が《都市計画》と名づける意味の体系へとむかう傾向を持っているので、都市的現実の分析家たちが、自分たちの断片的な所与を寄せ集めて、いささか異なった体系を構成し、それをやはり都市計画と命名して、その計画表を機械に委ねるということが不可能ではない。

批判的分析は、都市社会のなかにおける体験の特権を払拭する。それは、ひとつの《平面》、ひとつの水準でしかないのである。とはいえ、分析は、この平面を削減させはしない。それは、一冊の本のごとく、存在するのである。この開かれた本を、誰が読むのか。この文章を、誰がたどるのか。これは、はっきりと規定づけられた《主題》ではない。しかしながら、諸々の行為や出会いの継起が、この平面自体の上において、都市生活、あるいは《都市的なるもの》を構成するのである。この都市生活は、上の方からやって来る諸々の信号や命令や強制を、それら自身にたいして向けかえようとする。それは、諸々の支配の裏をかき、それらの目的から外れさせ、それらを計略にかけることによって、時間と空間とを我有化しようと試みる。それはまた、多かれ少なかれ、都市とか住み方とかの水準に参加する。そんなわけで、都市的なるものは、ひとつの体系として、すなわちすでに完結した一冊の本として、市民たちに押しつけられるのではなくて、多かれ少なかれ、市民たちの作品なのだ。

都市と田舎

《自然と文化》という、ひとびとに使用され、無用の重複や外挿法によって乱用された命題は、都市と田舎との関係から由来し、それを脱線させている。この関係のなかには、二つの項がある。同様に、実際の現実のなかにも三つの項（田舎性、都市の織り目、中心性）がある。それらの弁証法的な関係は一項一項の対立の下に隠されているのだが、またそこに姿を現わしにやって来もする。自然としての自然は、合理的に遂行される行動の影響力を逃れ、我有化からも支配からも逃れる。より正確にいえば、自然はこれらの影響力の外にとどまるのであり、自然は逃れるものなので《あり》、自然は想像的なるものによって到達されるのであり、ひとが自然を追跡すると、自然は、宇宙のなかへ、あるいは世界の地下的な深みのなかへと、逃げ込むのである。田舎はどうかといえば、それは生産や作品の場所である。農業生産は諸々の生産物を生み出す。風景はどうかといえば、それはひとつの作品である。この作品は、ゆっくりと造型され、相互的な聖化によってその土地を占有する諸集団へと本来的に結びつけられ、それから都市や都市生活（この聖化を捕え、それを濃縮し、つぎにそれを合理性のなかに吸収することによって年月のあいだにそれを解体するところの）によって冒瀆されるところの土地から出現するのだ。かの古代的な部族や民族や国民への土地の聖認は、どこから由来するのであろうか。自然の晦渋で脅威的な現存＝不在の聖認、この所有された土地から異邦人たちを追放するところの土地の占有の聖認、この土地の上にその土台を有し、脅威を受ける建物の維持のために多数の犠牲を要請するところの社会的ピラミッドの聖認は、どこから由来するのであろうか。ひとつのものが他のものを妨げはしない。最も重要なものは、経済的（商業的）都市にその性格を冒瀆させるために、政治的都市が土地の神聖な＝呪われた性格を利用する複雑な運動である。

都市生活は、都市と田舎と自然とのあいだの独自的な諸々の中間項を含んでいる。村落のごときがそれであるが、歴史のなかおよび現在における村落と都市との関係は十分に認識されているというには程遠い状態である。また、公園、庭園、泉水のごときがそれである。これらの中間項は、市民たちによる自然とか田舎なるものの表象（イデオロギー的および想像的）の象徴体系なしには、理解されない。

都市＝田舎の関係は、歴史的諸時期を経るあいだに、時代や生産様式に応じて、深く変化した。あるときは深く相克的になり、またあるときは和らげられて、結合に近い状態になったのである。そればかりではなく、同じ時代に、きわめて異なる諸関係が姿を現わす。そんなわけで、西欧の封建制のなかで、土地領主は再生する都市を脅かすが、商人たちはそこに彼等の出会いの地点、彼等の母港、彼等の戦略の場所を見出すのである。都市は、このような土地領主階級の行動にたいして応酬し、あるときは潜在的あるときは激烈な階級闘争が展開される。都市は自己を解放するが、それには平民貴族階級となることによって統合されるということをともなわないわけではない。ただし、都市が統合されるのは、専制的国家（都市は、その本質的なひとつの条件を提供していた）になのである。それに反して、同じ時代に、そして、回教的封建制ということを語ることができるかぎりにおいて、《領主》は職人的・商業的都市に君臨し、そこから、しばしば庭園とか狭隘で広がりのない文化とかに帰着せしめられた周囲の田舎が生まれる。そのような関係のなかには、階級闘争の萌芽も可能性も存在しない。このことは、出発点からすでに、この社会構造から、力動性や歴史的未来を奪い取るのである。ただし、それに他の魅力、すなわち甘美な都市性の魅力を付与しないわけではない。諸々の作品や新たな関係の創造者であり生産者である階級闘争は、西欧（その諸都市のなかの最も《美しい》ものをも含む）を特徴づけている一種の野蛮さなしには存在しえないのである。

こんにち、都市＝田舎の関係は、一般的変異の重要な相として、変貌している。工業国においては、資本蓄積の中心たる都市による周囲の田舎の古い搾取は、都市が決定の中心、そして一見したところ結合の中心となることによって、より精妙な支配や搾取の形態に場所を譲っている。いずれにせよ、膨脹する都市は、田舎を攻撃し、腐蝕させ、解体する。ただし、それには、さきに指摘したような逆説的な諸結果をともなわないわけではない。都市生活は、家内工業とか都市的中心（商業的および工業的、配給網、決定の中心など）の利益において死滅する諸々の小さな中心とかいった伝統的な諸要素を農村生活から失わせつつ、農村生活のなかに侵入する。村落は、農村的特殊性を喪失しつつ、田舎化する。村落は、都市と並ぶのだが、それは抵抗しつつ、そして、ときとしてははにかみながら自分自身へとかがみ込みつつ行なわれるのだ。

さまざまな大きさの網の目を持った都市の織り目は、その網のなかに、工業国の領土全体をとらえようとするのであろうか。都市＝田舎という古い対立の止揚は、このようにして行なわれるのであろうか。それを推測することができる。ただし、いくつかの批判的留保が必要でないわけではない。もしも、このようにして、田舎が都市のただ中に姿を没し、都市が田舎を吸収して、そこに散失するような一般化された混ぜ合わせが指定されるならば、このような混ぜ合わせは理論的に否認されることができるし、理論はこのような都市の織り目という概念に基礎づけられたあらゆる戦略を反駁する。地理学者たちは、このような混ぜ合わせを指すために、田舎市的なもの（le rurbain）という醜悪ではあるが意味深長な新語を発見した。このような仮定のもとにおいては、都市や都市化の拡大は都市的なるもの（都市生活）を消滅させるということになるであろうが、そんなことは認め難いことである。いいかえれば、対立の止揚は、相互的中性化として考えられることはできないのだ。都市社会と田舎との融合の途上における中心性の消滅を認めるいかなる理論的根拠も存在しない。都市＝田舎という対立は緩和されるけれども、《都市性＝田舎性》という対立は、消滅するどころか、強化されるのである。対立や相克の移動が存在する。その上、世界的な規模では、都市＝田舎の相克が解決されているどころではないということは誰しもが知っているとおりである。もしも、都市＝田舎の分裂や矛盾（両項の対立に帰着することなく、その対立を包んでいるところの）が社会的分業の一部をなしているということが事実であるとすれば、この分業が乗り越えられてもおらず統御されてもいないということを認めなければならない。それどころではないのである。自然と社会との分裂や物質的なるものと知的（精神的）なるものとの分裂と同様なのだ。止揚は、今日においては、都市の織り目＝中心性という対立から出発して行なわれないわけにはいかない。このことは新しい都市形態の発明を予想する。

工業国に関しては、多中心的都市とか差異づけられ更新された中心性とかを考え、動く中心性（たとえば文化的）を見ることができる。イデオロギーとしての都市計画にたいする批判は、ある一定の中心性の概念（たとえば《都市的なるもの》と決定や情報の中心との同一化）にたいして向けられることができる。伝統的な都市（よりよく田舎を支配する

ためにも横糸をもつなぎ糸をも持たない《織り目》をも横糸をもつなぎ糸をも

ためにも田舎から切り離された）でもなく、形態をも《織り目》をも横糸をもつなぎ糸をも持たない「巨大都市《メガロポリス》」でもないというのが、主導的な観念となるであろう。中心性の消滅ということは、理論的にも実践的にも強制されない。提起される唯一の疑問は、つぎのようなものである。「いかなる社会的・政治的形態に、いかなる理論に、中心性とか刷新されて堕落から解放された織り目とかを地所の上に実現する仕事を委ねるべきか。」

危機的な点の周辺において

かりに、上から下へ、都市化の零（都市の非存在、農業生活とか農業生産とか田舎とかの完全な優位性）から百パーセントの都市化（都市による田舎の吸収、農業にいたるまでの工業的生産の完全な優位性）へと進む線を引いてみよう。この抽象的図式は、一時的に、非連続を括弧のなかに入れる。この図式は、ある程度まで、危機的な点、すなわち切れ目や非連続そのものを位置づけることを可能ならしめることになる。かなり早く、線の上でかなり始源の近くに、農業的な周囲を支配しつつ組織する政治的都市（アジア的生産様式のなかで実際に実現され維持される）を記入しよう。もう少し先に、商業的都市の出現を記入しよう。その都市は、商業を都市の周囲（市とか市場とかの域外地区や、居留外国人とか交換へと専門づけられた外国人とかに当てられた場所の異域性）へと追放することで始まり、それから、交換とか拡大した流通とか動的な貨幣や富とかの上に立てられた社会構造へと自分自身を統合することによって、市場を統合するのである。そこで、農業生産の重要性が職人的・工業的生産とか市場とか交換価値とか発生期の資本主義とかの重要性の前に後退するところの決定的な危機的な点がやってくる。この危機的な点は、西ヨーロッパでは、ほぼ十六世紀に位置している。やがて、諸々の付随的内容（所有物を奪われ分解させられた農業人口の都市にむかっての出発、都市的大集中化の時代）をともなった工業都市の出現である。都市社会は、総体としての社会が都市的なるものの（都市の支配の）側に傾いてから長い間の後に、現われる。そこで、膨脹する都市が増殖し、遠くの周囲（郊外）を生み出し、田舎を侵略する時代がやってくる。逆説的にも、都市が途方もなく拡大するこの時代に、伝統的な都市の形式（実践的＝感覚的形態学、都市生活の形式）が破砕する。二重の過程（工業化＝都市化）が、すでに言及した外破＝内破、濃縮＝拡散（破砕）という二重の運動を生み出すのである。したがって、まさにこの危機的な点のまわりにこそ、都市や都市現実の（都市的なるものの）現実的な問題性が位置しているのだ。

政治的都市 ―― 商業的都市 ―― 工業的都市 ―― 危機的な点

二重の過程
（工業化と都市化）

危機の状況の周辺に展開する諸現象は、その複雑さにおいて、音が壁を通過するのにともなう物理的諸現象に劣らない（たんなる比喩）。また、類比として、曲線の屈折点の近くで起ることを考えることもできるであろう。さきに不可欠な概念的道具類を集めようと試みたのは、このような目的——危機的な点の近辺における分析——においてであった。この状況に関心を抱かないような認識は、盲目的な思弁あるいは近視眼的な専門に落ち込むであろう。

危機的な点とか切れ目とか欠落とかを強調しつつ、それらを下手に位置づけることは、有機体説的、進化論的、あるいは連続説的な無頓着と同程度に深刻な結果を持つことがありうる。こんにち、社会学的思惟や政治的戦略は、都市計画的と称せられる考察と同様に、居住地や居住することとの水準（生態学的水準、住居とか家屋とか近隣とかの水準、したがって建築家の領域）から、都市とか都市的なるものとかの上方を通り越して、一般的な水準（国土の整備とか計画化された工業生産とか総体的な都市化とかの規模）へと跳ぶ傾向を持っている。中間項は括弧内に入れられ、特殊的な水準は忘れられるのである。なぜであろうか。まず第一に危機的な点の無視に関係のある深いさまざまな理由のためである。

生産の合理的計画化、国土の整備、総体的な工業化と都市化は、《社会の社会化》の最も重要な諸相である。しばらくこの言葉に立ちどまってみよう。修正主義的屈折をもったマルクス主義的伝統は、社会や社会関係の複雑化、諸区劃の分裂、結合や流通や情報の増大する多様性、強化される技術的・社会的分業が工業の諸分枝とか市場や生産そのものの諸機能とかのより強い統一性を含んでいるという事実などを指すために、この言葉を用いる。この定式化は、交換とか交換の場所とかを強調している。それは、経済的交換の量に力点を置いて、質とか、使用価値と交換価値とのあいだの本質的な相違とかを傍に放置する。このような展望のなかでは、諸々の商品や消費財の交換は、直接的な交換、すなわち構成された網の目を通じ、制度を通じて通るのではない流通（すなわち、《低い》水準では、直接的諸関係——《高い》水準では、認識から結果する政治的諸関係）を、均等化し、自分に並ばせる。修正主義的な連続説にたいして、非連続説や急進革命的な意志主義のテーゼが応酬する。生産労働の社会的性格が、生産手段の私的所有に結びついた生産関係を廃絶するためには、ひとつの断絶とか切れ目とかが不可欠だというわけである。ところで、進化論的・連続説的・修正主義的解釈たる《社会の社会化》というテーゼは、この言葉が社会の都市化を指している——下手に、不完全に——ということが観察されるならば、別の意味を獲得する。言葉の広い意味における交換の多様化や複雑化は、特権づけられた場所や時が存在することなしには、これらの出会いの場所や時が市場の束縛から解放されることなしには、交換価値の法則が統御されることなしには、利潤を条件づける諸関係が改変されることなしには、進められることができない。それまでは、文化は、消費の対象、利潤の機会、市場のための生産となって、解体する。《文化的なるもの》は、少なからぬ罠を隠しているのである。革命的な解釈は、現在まで、これらの新しい要素を考慮に入れなかった。危機の状況において、危機的な点の近辺で、工業化と都市化とのあいだの関係をより厳密に定義することによって、連続説と絶対的非連続説、修正主義的進化論と全面的革命の矛盾を克服することに貢献するということが起りうるのではあるまいか。もしも市場とか交換価値の法則とか貨幣とか利潤とかを止揚しようと欲するならば、この可能性の場所、すなわち都市社会とか使用価値としての都市とかを定義することが必要ではなかろうか。

この危機的状況の逆説であり、問題の中心的所与たる都市の危機は、世界的である。それは、考察にたいして、技術とか工業の合理的組織とかと同じ資格で、進行中の世界性の支配的様相として、姿を現わす。とはいえ、この危機の実践的原因やイデオロギー的根拠は、政治体制に応じ、社会に応じ、そしてさらに関係する国にも応じて異なるのである。これらの現象の批判的分析は、比較によってしか正当化されることができないであろう。しかし、このような比較の多くの要素は欠如しているのだ。後進性の等しくない発展途上の国々でも――高度に工業化された資本主義諸国でも――発展の等しくない社会主義諸国そのものでも、いたるところで都会は、形態学的に、破砕している。農業社会の伝統的な形式は、変貌している。ただし、異なったやり方で変貌しているのだ。十分に発展していない一連の国々においては、掘立て小屋の町が特徴的な現象であるが、高度に工業化された国々では、それは、《都市の織り目》とか、郊外とか、都市生活との関係に問題がある住宅地域とかへの都市の増殖なのである。

そのような比較の諸要素を、どのように寄せ集めるべきであろうか。合衆国における、連合行政の難題、その地方共同体との悶着、支配人と政治的ボスと市長あるいは市役所とに分有されている《都市政府》の様態は、ヨーロッパとかフランスとかにおける諸権力の（行政と司法の）葛藤と同様のやり方では説明されない。ここでは、諸々の帰結をともなった工業化が、前資本主義時代あるいは前工業時代にはじまる都市的中核につきまとって、それらの中核を破砕させている。合衆国では、都市的中核は、いくつかの特権的な都市にしかほとんど存在しない。しかしながら、地方的共同体は、君主制的集中化がきわめて早い時期にこれらの都市的《自由》に襲いかかったフランスにおけるよりも、より大きな法律的保証やより広範な権力を持っている。ヨーロッパにおいても、ほかの場所においてと同様に、異なっていると同時に比較しうるものである諸々の難題を、たんなる都市の量的増大とか、たんなる交通問題とかに帰することはできない。ここでもかしこでも、一方の側でも他方の側でも、総体としての社会が、あるやり方または他のやり方で、疑問のなかに投げ込まれている。《現代》社会は、主として工業を整備し企業を組織することに（諸々のイデオロギーや為政者たちを通じて）意を用いているというあるがままの状態では、都市問題に解決をもたらし、現状を延長する小さな技術的方策による以外の行動をする能力をほとんど持っていないように思われる。いたるところにおいて、矛盾の動的要素が社会的・政治的文脈に応じて変化するために、さきに分析した二つの水準のあいだの関係が、はっきりしない葛藤的なものになっている。《発展途上》といわれる国々においては、農業構造の解体が、所有地を奪われ破産し変化を渇望する農民たちを、都市へむかって押している。掘立て小屋の町が、彼等を迎え入れ、田舎と都市、農業生産と工業のあいだの中間項（不十分な）の役割を演ずる。それはしばしば強化されて、逗留する人々にたいして、貧しいながらも強烈な都市生活の代用品を提供するのである。他の国々、とくに社会主義諸国においては、計画化された都市の成長は、田舎で徴集される労働力を都市のなかへと引き寄せ、そして、これは、人口過剰をもたらし、都市生活との関係がかならずしも識別されない住宅地区あるいは住宅《街》の建設をもたらす。要するに、農業や伝統的農民生活の世界的危機は、伝統的都市の世界的危機に随伴し、その基礎に横たわり、それを深刻化させるのである。全地球的規模における変異が生まれる。古い《田舎動物》と都市動物（マルクス）とが、同時に姿を消す。彼等は、《人間》に場所を残すであろうか。これは、本質的な問題である。最も大きな理論的・実践的問題は、工業化された社会の都市化が、われわれがなお《都市》と呼んでいるものの破砕なしには行なわれないということから来る。都市社会が都市の廃墟の上に構成されるのである以上、どのようにして諸現象をその広がりにおいて、その多様な矛盾のなかにおいて、捉えるべきであろうか。これこそ危機的な点である。三つの水準（工業化と都市化の総体的過程――都市社会、都市の特殊的平面――居住の様態、日常的なるものの都市的なるものへの転調）の区別は、都市＝田舎という区別が消え去るのと同様に、消え去る。しかも、それにもかかわらず、この三つの水準の相違は、混同や誤解を避けるために、都市的なるものを工業的計画化あるいは（および）居住のなかに解消することによってこの状況に好都合な機会を見出している諸々の戦略と戦うために、従来のいかなる時にもまして強く押し出されるのである。

そうだ。村落のすぐ後に随った古代的中核以来、あまたの有為転変や変身を通過しているこの都市、このすばらしい社会形態、この実践と文明とのすぐれた作品が、われわれの目の前で、分解し、再生しているのである。住居の問題、工業的成長の諸条件のなかにおけるその緊急性は、まず最初、都市の諸問題を隠蔽し、いまなお隠蔽している。とくに直接的なものに注意深い政治的技術者たちは、ほとんどこの問題をしか見なかったし、いまも見ていない。都市計画という名のもとに、総体の諸問題が出現したとき、ひとはそれらを工業の一般的組織に従属させた。上からも下からも同時に攻撃されて、都市は、工業的企業に列を合わせ、計画化のなかに歯車として姿を見せ、生産を組織したり生産者たちの日常生活や生産物の消費を制御したりするのに適当な物質的装置となっている。手段の地位に落ちて、都市は、消費者と消費の側に計画表を拡げている。都市は、商品の生産と《消費》と称される貪欲な活動による生産物の破壊とを、規制し、たがいに調整することに奉仕しているのである。都市は、作品として、目的として、自由な享受の場所として、使用価値の領域としてしか意味を持っていなかったし、いまも持っていない。ところが、ひとは都市を諸々の束縛へ、厳格に制限的な諸条件のなかにおける《平衡》の定言命令へと服従させているのだ。都市は、もはや、その安定と平衡の諸条件を確定することによって強化されることに到達するわけでもない組織、それによれば、目録に書き込まれ遠隔操縦される諸々の個人的欲求が、それ自体科学の対象であるような持続の蓋然性（廃滅性）をもった目録に書き込まれている諸物体を無化することによって満足させられることになる組織の道具でしかない。かつて、「理性」は「都市」のなかにその誕生の場所、その所在地、その中心地を持っていた。田舎性にたいし、自然とか聖化され晦暗な力に満ちた土地とかにとらえられている農民生活にたいして、都市性は自己を理性的なものとして主張していた。こんにち、合理性は、都市から遠く、都市の上方に、国土あるいは大陸の規模に移行している（あるいは移行しているように見え、あるいは移行していると称している）。合理性は、都市を、契機として、要素として、条件としては拒否し、道具や装置としてしか都市を認めない。フランスにおいても他の場所においても、国家の官僚主義的合理主義と大企業の要請に支えられた工業的組織の官僚主義的合理主義とは、同じ方向に進んでいる。単純化する機能主義と、都市的なるものをはみ出る諸々の社会的な枠とが、同時に課されているのだ。組織《オルガニザシオン》を口実に、有機体《オルガニスム》が消滅し、したがって哲学者たちからやってくる有機体説が理念的範型として現われている。都市の諸《地帯》や諸《地域》の配置は、地所の上における諸々の空間や機能や要素の並置へと帰着してしまう。諸々の分域や機能は、厳格に決定の中心に従属せしめられる。均質性が、自然（風景）や農民的周囲（国土や郷土）や歴史から来る諸々の相違にたいして優位を占める。都市あるいは都市の残滓は、諸要素の総和あるいは組合わせにならって、建設され、あるいは手直しされる。ところで、組合わせが組合わせとして構想され知覚され予見されるときすでに、配合はよく識別されない。諸々の相違は、それらの総体の知覚のなかで脱落するのである。したがって、合理的に多様性を探しても無駄であって、住居に関してであれ、家屋に関してであれ、都市的中心と称せられるものに関してであれ、組織された地域に関してであれ、ある単調さの印象がこれらの多様性を覆い隠し、それにうち勝つ。都市的なるものは、都市的なるものとして考えられるのではなく、正面からも斜めからも攻撃され、腐蝕され、侵蝕されて、作品とか我有化とかの特徴や性格を失った。ただ、諸々の束縛のみが、永続的な分解状態のなかで、地所の上に投影されるのである。居住の側では、日常生活の裁断や調整、自動車（《私的》交通手段）の厖大な使用、移動性（制動されてもいて、不十分な）、マス・メディアの影響などが、諸個人や諸集団（家族、組織体）を風景や国土から切り離した。近隣は姿がうすれ、地区は崩壊する。人々（住民たち）は、場所や瞬間の質的相違がもはや重要性を持たないところの、指示や合図でいっぱいの幾何学的同域へとむかう傾向をもった空間のなかを移動する。たしかに、古い諸形態の解体の不可避的な過程ではあるが、しかし、伝統的都市の諸々の象徴とか同化とか様式とか記念建造物とか時間とリズムとか特質づけられた相異なる空間とかに何物もとってかわらなかったとなれば、嘲弄、精神的・社会的貧窮、日常生活の貧困などを生み出す過程でもあろ。したがって、都市社会は、支えることのできない圧力に屈したこの都市の解体によって、一方においては、国土の計画的な整備へ、交通のさまざまな束縛によって規定される《都市の織り目》へ、他方においては、一戸建て地域とか《団地》とかのごとき居住単位へと溶解する傾向をもつ。都市の膨脹は、郊外を生み出し、つぎに、郊外が都市的中核を呑み込む。問題は、見忘れられていないときにも、逆立ちをさせられていた。ほとんど居住しがたい郊外に住んで都市へ働きに行くよりは、むしろ郊外で働いて都市に住む方が、よりつじつまが合って、より合理的で、より快適ではあるまいか。諸々の《事物》や《文化》の集中的な管理は、この都市という中間的な段階なしにすまそうとする。それだけではない。国家とか決定の中心とかイデオロギー的・経済的・政治的権力とかは、このような、自律へとむかう傾向をもち、特殊的にしか生きることができず、それらの権力と、労働者であろうとなかろうと、生産的勤労者であろうとなかろうと、ともかく都民であると同時に人間であり市民である《住民》とのあいだに介入する社会形態を、増大する不信をもってしか眺めることができないのである。この一世紀来、権力にとって、都市の本質とは何であろうか。都市は、怪しげな活動や犯罪にみちて、醱酵している。それは、動揺の中心地である。国家権力や大きな経済的利害は、ほとんど、ひとつの戦略をしか考えることができない。すなわち、都市社会を価値低下させ失墜させ破壊することである。進行中の諸過程のなかには、決定論もあれば、戦略や自然発生性や一致した行為もある。主観的・イデオロギー的矛盾とか《人間主義的》配慮とかは、これらの戦略的行動を窮屈にはするが、停止させはしない。都市は、権力が諸々の都民＝市民や個人や集団や団体を思いのままに操作することを妨げる。したがって、都市の危機は、哲学的伝統から出発して規定づけることのできる合理性としての合理性に結びつくのではなくて、合理性の一定の諸形態、すなわち国家的、官僚主義的、経済的、あるいはむしろ《経済主義的》（経済主義は、ひとつの装置を備えたイデオロギーであるから）な合理性に結びつくのである。このような都市の危機は、ほとんどいたるところにおいて、国家と工業的企業との二重の圧力による都市（自治体）制度の危機をともなっている。あるときは国家、あるときは企業、あるときはその双方（敵対的、競争的であるが、しばしば連合する）が、都市社会の諸々の機能や属性や大権を独占する傾向をもつのだ。ある種の資本主義国家においては、《私的》企業は、《公的》機関たる国家とか諸制度とかにたいして、あまりに費用がかかるために自分が引き受けることを拒否しているもの以外のものを残しているであろうか。

しかも、それにもかかわらず、この動揺する土台の上で、都市社会や《都市的なるもの》は存続し、さらに強化されてさえいる。社会関係は、このうえなく痛苦にみちた矛盾を通して、複雑化され、多様化され、強化され続けている。都市的なるものの形態、その至高の根拠、すなわち同時性と出会いとは、消滅することができない。都市現実は、その解体のただなかで、存続し、決定や情報の中心において濃縮されている。住民たち（いかなる住民たちか。それを見出すのは調査とか調査者たちの任務である！）は、さまざまな中心を再構成し、たとえ取るに足らぬものであれ、出会いを再建するためにさまざまな場所を利用する。場所とか記念建造物とか相違とかの使用（使用価値）は、交換とか交換価値とかの要請から逃れる。これは、かならずしもその意味が姿を現わしてはいないさまざまな挿話をともなって、われわれの目の前で演じられている大きな動きである。諸々の要素的欲求の満足は、諸々の根源的欲望（あるいは根源的欲望というもの）の不満足を殺すまでには到らない。出会いの場所となり、流通や情報の集中点となると同時に、都市的なるものは、それが常にそうであったところのもの、すなわち、欲望の場所、永続的な不均衡、正常性とか束縛とかの解体の本拠、遊戯的なるものとか予見不可能なるものの契機となる。この契機は、それ自体が不条理性と一致するところの合理性の恐るべき束縛のもとに潜在している暴力の内破＝外破にまで至る。このような状況から、危機的な矛盾、すなわち、都市の破壊への傾向、都市的なるものとか都市の問題性とかの強化への傾向が生まれる。

このような批判的分析は、決定的な補完物を呼ぶ。都市の危機を、限界のある合理性とか、生産本位主義とか、経済主義とか、なによりもまず成長に配慮を払う計画化的集中化とか、国家や企業の官僚制とかに帰することは、誤りではない。しかしながら、このような観点は、最も古典的な哲学的合理主義、すなわち自由主義的人間主義の地平を完全に乗り越えるものではない。計画化され計画表化された秩序の裂け目に身を維持している《都市的なるもの》というこの萌芽を強化することによって新しい都市社会の形態を提案しようとする者は、もっと先まで進まなければならない。もはや古典的人間主義の版画に似るものではない《都市的人間》を構想しようとするならば、理論的精錬は諸概念を洗練する義務がある。今日にいたるまで、理論においても実践においても、工業化と都市化という二重の過程は、統御されていない。マルクスやマルクス主義思想の教えは、不完全なものだが、見忘れられた。マルクス自身にとっても、工業化は、それ自身のなかにその目的、その意味を持っていた。このことが、のちに経済学主義と哲学主義とへのマルクス主義思想の分解を生み出したのである。マルクスは、都市化とか都市的なるものとかが工業化の意味を内包しているということを示さなかった（彼の時代において、彼がそうすることはできなかったのである）。彼は、工業生産が社会の都市化を誘い込むものであり、工業の潜在力の統御は都市化に関する特殊的な知識を要請するものであるということを理解しなかった。工業生産は、ある一定の成長のあとで、都市化を生み出すのである。工業生産は、都市化の諸条件を提供し、その可能性を開く。問題性は移動して、都市の発展の問題性となる。マルクスの諸著作（とくに『資本論』）は、都市について、とくに都市と田舎との歴史的関係について、貴重な諸々の指摘を含んでいた。しかし、それらの著作は、都市問題を提起してはいない。マルクスの時代には、ただ住宅問題のみが提起され、エンゲルスによって研究された。ところで、都市の問題は、住宅問題を大きくはみ出すのである。マルクス主義思想の限界は、はとんど理解されなかった。敵も味方も、この思想の方法論的・理論的諸原理を十分にわが物とせずに、混乱を投げたのである。右翼的批判も左翼的批判も、この思想の成果と限界を指示しはしなかった。これらの限界は、いまだ、成果を排棄するのではなくて、それを深めるような止揚によって、乗り越えられてはいない。したがって、工業化の暗黙的な意味は、十分に解明されてはいないのである。この過程は、理論的考察のなかでは、その意味を受け取っていない。それだけではない。ひとはほかのところに意味を探し、あるいは、意味とか意味の探究とかを放棄したのだ。

修正主義者たちによって誤った理解をされた《社会の社会化》は、都市の（都市のなかにおける、都市による、都市にとっての）変貌への道を塞いだ。この社会化は都市化を本質としているということが、理解されなかったのである。なにが《社会化》されたのか。それらを消費へと委ねつつ、諸々の記号が社会化されたのだ。すなわち、ある実際的な社会的実践が《都市的なるもの》を日常的なるもののなかに入らせるということなしに、都市とか都市的なるものとか都市生活とかの記号が、自然とか田舎とかの記号や、喜びとか幸福とかの記号と同様に、社会化されたのである。都市生活は、《社会化された社会》の社会的欲求の貧しさを通して、日常的消費とか広告や流行や唯美主義のなかにおける日常的消費固有の諸記号とかを通して、後向きにしか欲求のなかに入らない。かくて、分析のこの新しい時点において、諸々の形態や輪郭、決定論や強制、隷属や同化を、渾沌とした地平にむかって運ぶところの弁証法的運動が構想される。

　なかば崩壊した形態学的土台から、ある社会的実践（それの分析は続くであろう）によって切り離された都市生活とか都市社会とか《都市的なるもの》とかは、新たな土台を求めるので、かくて、危機的な点の周辺が姿を現わす。《都市的なるもの》は、ある物質的形態学に結びついた（地所の上で、実践的＝感覚的なるもののなかで）ものとして規定づけられることも、それから切り離されうるものとして規定づけられることもできない。それは、非時間的なひとつの本質でもなければ、諸々の体系のなかの、あるいは他の諸体系の上方にあるひとつの体系でもない。それは、ひとつの心的で社会的な形式、同時性とか集合とか収斂とか出会い（あるいはむしろ諸々の出会い）とかの形式である。それは、量（空間、物体、生産物）から生まれる質である。それは、ひとつの相違、あるいはむしろ諸々の相違の総体である。我有化が、自然にたいする技術的支配（後者なしには前者は不条理のなかへ滑り込む）の意味を内包しているのと同様に、《都市的なるもの》は工業的生産の意味を内包している。それは、とくに時間（あるいは諸々の時間、すなわち周期的リズムや線的持続）と空間（あるいは諸々の空間、すなわち同域＝異域）との関係を含む諸関係の場である。欲望の場所にして諸々の時間の紐帯としてのかぎりにおいて、都市的なるものは意味するものとして現われることができるであろう。われわれはいま、それの意味されるもの（すなわち、適当な形態学的・物質的土台をもって、空間のなかに、それを実現することを許すような実践的＝感覚的《実在》）を探しているのだ。

十分な理論的精錬がないために、二重の過程（工業化＝都市化）は、分割され、その諸相は切り離され、したがって不条理へと委ねられた。より高度な（弁証法的）合理性によって捉えられ、その二元性と矛盾とのなかにおいて考えられるならば、この過程は都市的なるものを傍に放置することができないであろう。まさにその反対であって、この過程は都市的なるものを含むのだ。したがって、非難すべきは理性ではなくて、ある一種の合理主義、限界づきの合理性、そして、この合理性の諸々の限界なのである。商品の世界は、それに内在する論理、すなわち、貨幣とか限界なしに一般化された交換価値とかの論理を持っている。そのような形態、すなわち交換と等価性との形態は、都市的形態にたいしては無関心をしか持たない。それは、同時性とか出会いとかを交換者の出会いに帰着させ、そして、出会いの場所を、等価な交換の契約あるいは準契約が結ばれる場所、すなわち市場に帰着させる。時間のなかで展開し、ある空間（風景、場所）を特権づけ、そしてそれによって特権づけられ、交互に意味するものであり意味されるものである諸々の行為の総体たる都市社会は、商品の論理とは異なった論理を持っている。それは、ひとつの別の世界である。都市的なるものは、使用価値の上に基礎づけられているのである。葛藤は避けることができない。その上、作品を抹殺しつつ、あらゆる制限を越えて、生産物の（交換可能な物体の、交換価値の）生産を推進しようとする経済主義的・生産本位主義的合理性、この生産的合理性は、その本質そのものに結びついたひとつのイデオロギー的分力を内包しているにもかかわらず、認識として立ち現われる。諸々の強制、すなわち、現存する諸々の決定論から由来する強制、工業的生産や生産物の市場の強制、その計画表の物神崇拝から由来する強制などを価値づけるこの合理性は、おそらく、イデオロギーでしかない。これらの現実的な強制を、イデオロギーは、合理的なものとして通用させるのである。そのような合理性には、なんら無害なところがない。それが包蔵している最悪の危険は、それが綜合的たらんと欲し、そのように自称するということから来る。それは、綜合に到達し、《綜合の人間》を形成する（あるいは哲学から出発し、あるいは科学から出発し、あるいはまた《学問間》的探究から出発して）と主張する。ところで、これはイデオロギー的幻想である。誰が綜合の権利を持っているであろうか。もちろん、制度によって保証されたやり方でこの職分《フォンクシオン》を遂行する綜合の官吏《フォンクシオネール》ではない。もちろん、ひとつの分析あるいは幾つかの分析から出発して、外挿法を行なう者ではない。ただ現実化の実践的能力のみが、綜合を実施しつつ、綜合の理論的諸要素を寄せ集める権利を持つのである。これは、政治的権力の役割であろうか。おそらく、そうであるが、しかし、いかなる政治的な力でもよいわけではない。制度あるいは諸制度の総和としての政治的国家の役割ではなく、為政者なるものの役割でもないのである。ただ諸々の戦略の批判的検討のみが、この質問に答えることを許すのだ。都市的なるものは、都市的なるものの問題性とか都市生活の強化とか都市社会の（すなわち、その形態学的・物質的・実践的＝感覚的土台の）実際的実現とかを前面に置く戦略にしか、委ねることができない。

都市的形式について

この《形式》という用語の曖昧性（あるいは、より正確にいえば、多義性、意味の複数性）は、すでに指摘された。その必要はほとんどなかったのだ。これは、すぐに目につくことなのである。それは、《機能》とか《構造》などという用語の多義性になんら劣らない。それにしても、そこにとどまって、この状況を受け入れることはできない。何人の人々が、これらの言葉＝物神のひとつを用いるときに、すべてを語り、すべてを解決したと思い込むことであろうか！　意味の複数性や混じり合いが、思考の不在とか豊かさだと思い込んでいる貧しさとかに奉仕しているのだ。

用語の意味を明らかにするためには、ひとつの道しかない。すなわち、その最も抽象的な解釈から出発することである。言葉の上の無内容な抽象から区別され、思弁的抽象に対置される科学的な抽象のみが、透明な定義を可能ならしめる。したがって、形式を定義するためには、まさに形式論理と論理＝数学的構造から出発しなければならない。これらのものを孤立させ物神化するためにではなくて、反対に、《現実的なるもの》とのそれらの関係を見破るためにである。このことは、なんらかの困難と不都合なしには行なわれない。《純粋》な抽象の透明さや明晰さは、誰にでも近づきうるものではないのである。大部分の人々は、この抽象の光にたいして、盲人あるいは近視眼者として行動する。抽象的なるものを捉えるためには、ある《教養》が必要である。ましてや、具体的なるものと抽象的なるもの、認識と芸術、数学と詩とを区別すると同時に結合するところの不安な境界線に到達するためには、なおさらである。したがって、《形式》という言葉の意味を明らかにするためには、きわめて一般的できわめて抽象的なひとつの理論、すなわち形式理論へと送り返されることになる。この理論は、哲学的な認識論に近く、そのような認識論を延長するものであるが、しかし、一方においては固有の歴史的・《文化的》条件を指定し、他方においては難しい論理＝数学的考察に依拠するものであるがゆえに、きわめて異っているものである。

戸口からとりかかると、まず社会的に認められている《形式》、たとえば契約を検討することになる。結婚契約とか労働契約とか売買契約など、きわめて多様な契約が存在する。したがって、契約的なものとして規定づけられる諸々の社会的行為は、きわめて相異している。あるときは、ことは異性の二人の個人のあいだの諸関係を規制すること（財産や財産の譲渡とか子供や相続とかに向けられている社会的規制のなかで、性的関係は第一次的な平面へと移行する）に関している。あるときは、ことは異なった二人の個人のあいだの関係を、雇傭者と被雇傭者、経営者と労働者のごとき社会的身分とか、さらには社会的階級とかによって、規制することに関している。あるときは、ことは売り手と買い手などのあいだの関係を、社会的規制性へと服従させることに関している。それにしても、これら諸々の個別的な状況は、社会的に構成され制度化された約束のなかにおける相互性という共通の特徴を持っている。各人は、他人にたいして、公然と、あるいは暗黙裡に制定された一種の行動を遂行すべく束縛されるのである。ただし、この相互性が、なにがしかの虚構を含んでいるということ、あるいはむしろ、契約条項のなかや法律作用のもとにおかれるのでないかぎり、締結されるやいなや、虚構的なものとして現われるということは、周知のとおりである。夫婦のあいだの性的相互性は、社会的・道徳的虚構（《夫婦の義務》）となる。経営者と労働者とのあいだの約束の相互性は、虚構的にしか彼等を同一の平面に据えはしない。以下同様である。しかしながら、これらの虚構は、社会的な存在と影響力とを持っている。それらは、ある一般的な法律的形式の種々の内容であって、法律家たちはそれらの上にたって作業するのであり、それらは社会的諸関係の規範化たる民法のなかに入るのである。

　考察的思惟についても、同様である。考察は、きわめて多様な内容、すなわち対象とか状況とか活動とかを持っている。これらの多様性から、程度の差はあれ虚構的あるいは現実的ないくつかの領域、すなわち科学とか哲学とか芸術などが出現する。これら多種の対象、これらかなり少数の領域は、ひとつの定式化、すなわち論理の管轄に属している。考察は、諸々の内容の相違から生まれるところの、すべての内容に共通な形式によって、規範化されるのである。

形式は、内容から、あるいはむしろ諸内容から解き放たれる。形式は、このようにして解放されて、純粋で透明なもの、すなわち理解可能なものとして出現するのだ。形式は、内容から清められていればいるほど、《純粋》であればあるほど、理解可能なのである。けれども、ここには逆説がある。そのとき、こんなふうに、その純粋性のなかにおいては、形式は存在を持たない。形式は現実的でなく、存在しないのだ。内容から解き放たれることによって、形式は、具体的なるものから解き放たれるのである。現実的なるものの絶頂あるいは頂点、現実的なるものの（認識によるそれへの浸透の、それを改変する行動の）鍵でありながら、形式は、現実的なるものの外に位置する。二千年前から、哲学者たちは理解しようと試みているのである。

しかしながら、哲学は、この認識の理論的諸要素をもたらす。歩みは、ある戦略的目標をもって、いくつかの時期に進められる。諸々の形式や自分自身の形式を純化し、規範化し、形式化する考察の運動を通して、形式と内容とのあいだの関係の内在的な隠された運動を捉えるべきである。形式なくして内容はない。分析にたいして与えられるのは、つねに形式と内容との一体性である。分析は、一体性を破壊する。分析は、形式の純粋性を出現せしめ、そして、形式は内容へと送り返すのである。分解しがたいものでありながら、しかも分析によって破壊される一体性は、葛藤的(弁証法的)である。思惟は、瞬間的ではないまでも休むことなき運動のなかで、交互に、透明な形式から内容の不透明性へ、これらの内容の実質性から《純粋な》形式の非在性へと、送り返される。しかしながら、一方において、考察は、諸々の絶対的《本質》を構成し、本質の支配を樹立することによって、諸々の形式(そして、自分自身の論理的形式)を、内容から切り離す。そして、他方において、実践とか経験主義は、内容を確認し、確認された事実で満足し、相違性のなかにおいて受け入れられた多様な内容の不透明性のなかにとどまる傾向を持つ。弁証法的な理由によって、内容は形式をはみ出し、形式は内容への接近を許すのである。そんなわけで、形式は二重《生活》を送るのである。形式は、存在し、かつ存在しない。形式は、内容のなかにおいてしか現実性を持たないのだが、それにもかかわらず形式は内容から身を解き放つ。形式は、精神的存在と社会的存在とを持っている。契約は、精神的には、論理にきわめて近い形式、すなわち相互性として規定づけられる。社会的には、この形式は、無数の状況や活動を規制する。この形式は、それらにたいして構造を付与するのであり、形式として価値評価を含み、《同意《コンセンサス》》を導くのであるから、それらを価値づけるのである。論理=数学的な形式はどうかといえば、その精神的な存在は明白である。それが、肉体のない純粋に考察的な理論的人間というひとつの虚構を含んでいるということは、それほど明白ではない。その社会的存在はどうかといえば、ながながとそれを示すべきであろう。実際、この形式には、数え上げること、限界を定めること、（諸々の物体や状況や活動を）分類すること、合理的に組織すること、予見し計画化し、さらに計画表化することなどといった多種の社会的活動が結びつくのである。

哲学者たちの長いあいだの思索や問題性を延長する（新しい言葉で）考察は、諸形式の一覧表を練り上げることができる。これは、現実的なるものと思惟とのあいだの諸関係を解読するための一種の暗号解読格子である。この一覧表（暫定的で修正可能な）は、最も抽象的なものから最も具体的なものへ、したがって、最も直接的でないものから最も直接的なものへと至る。おのおのの形式は、精神的と社会的の二重の存在において現われる。

A　論理的形式

精神的には、これはA＝Aという同一律である。これは内容なき空虚な本質である。これは、絶対的な純粋性のなかにおいて、至高の透明（考察は、それを保持することも、そこに身を維持することもできないが、それにもかかわらず、それは同語反復のなかにその出発点と回帰点とを持っているのであるから、捉えることは困難な）である。実際、この同語反復は、たがいに内容により指示物（指示されるもの、表示されるもの）による共通点をなんら持っているわけでもないすべての命題に共通なものである。このA＝Aという同語反復は、ウィトゲンシュタイン〔イギリスに帰化したオーストリアの哲学者。建築家として出発したのち、論理実証主義的傾向の強い哲学を展開した。一八八九―一九五一〕が示したとおり、すべての言表、すべての命題の、実質を空にした中心なのである。

社会的には、これは諸々の誤解の手前にあり、その彼方にある相互理解であり、相互理解の約束である。これは、すべてを規定づけ、すべてを言うために立ちどまることや、相互理解の諸規則について理解し合うことの、実際的なものとすることは不可能な可能性である。けれどもまた、これは、贅言であり、駄弁であり、繰返しであり、純粋のおしゃべりである。けれどもさらに、冗語法であり、循環論法であり、回転語法である〔諸々の社会的大冗語法、たとえば、官僚主義的形式を維持するための官僚主義を醸成する官僚主義――おのれの内容を破壊し、かくておのれの空虚を示すことによってみずからを破壊するまでに、おのれの純粋の維持へとむかう諸々の社会的論理――をも含む〕。

B　数学的形式

精神的には、同一性と相違、相違における相等性。数え上げ（ある総体の諸要素などの）。順序と尺度。

社会的には、配分と分類（この資格においては一般に特権的な空間のなかにおける、そしてまた時間のなかにおける)。支払命令。量化と量的合理性。順序や尺度が諸欲望や欲望そのものをみずからに従属させるがゆえに、質および諸々の質。

C　言語の形式

精神的には、整合性であり、別々な諸要素を分節づけ、それらに意味や意義を付与し、規範化された約束にしたがって諸々の信号を発信したり解読したりする能力である。

社会的には、諸関係の結合であり、結合の諸要請や諸強制への諸関係の従属であり、諸関係の典礼化であり、諸関係の形式化、規範化である。

D　交換の形式

精神的には、対決と討論、比較と均等化(活動、欲求、労働の生産物などの)、要するに、等価性。

社会的には、交換価値、商品の形式(『資本論』第一章のなかで、マルクスによって、形式論理学や論理=数学的形式主義への暗黙の参照をもって、取り出され、定式化され、形式化された)。

E　契約的形式

精神的には、相互性。

社会的には、相互の契約の上に基礎を置く諸々の社会関係の規範化。

F　物体（実践的＝感覚的）の形式

精神的には、おのおのの物体およびすべての物体《オブジェ》の《客観的《オブジェクティヴ》》（あるいは《物体的《オブジェクタル》》）な特性として知覚され構想される内在的平衡。均斉。

社会的には、諸々の物体によって要請され、あるいは裏切られる（これらの物体のなかには、家、建物、器具、道具などのような社会的物体と同様に、生きた思惟する《存在》たちをも含む）このような平衡や均斉への期待。

G　記書的形式

精神的には、反回であり、時間のなかで展開したものの共時的な定着であり、後方への回帰であり、定着された生成に沿っての遡行である。

社会的には、既得物の定着や保存の《土台》の上での時間のなかにおける蓄積であり、書かれたものや文章の強制であり、「書かれたもの」を前にしての恐怖、「文字」にたいする「精神」の闘争であり、「記入されたもの」や「制定されたもの」にたいする「語り」の闘争、不動のものや凝固したもの（形相化したもの）にたいする「生成」の闘争である。

H　都市的形式

精神的には、同時性（諸々の出来事の、諸々の知覚の、《現実的なるもの》のなかにおける或る総体の諸要素の）。

社会的には、周囲に、《周辺》に存在するもの（財貨や生産物、行為や活動、富）の出会いや集合、したがって、社会的に特権づけられた場所として、諸々の活動（生産的および消費的）の意味として、作品と生産物の出会いとしての都市社会。

われわれは、若干の人たち（ニーチェもその一人である）が、至高の形式、実存的形式あるいは実存の形式とみなした反復を、傍にのけておくであろう。

近代的といわれる社会では、同時性は強化され、濃密化されるということ、そして、出会いや集合の能力が強まるということは、ほとんど明白である。通信は、準＝瞬間性にまで急速化される。上りあるいは下りの情報が流れ込み、この中心性から出発して拡散する。これは、すでに強調された《社会の社会化》（この周知の定式化の《修正主義的》性格については、いくつかの留保をしたうえで）の一様相である。

この同じ諸条件のなかで、散乱が、すなわち、諸々の社会集団の分離、物質的・精神的分裂という最終的な帰結にまで押し進められた労働の分割が、大きくなるということも、まったく同様に明白である。これらの散乱は、同時性の形式への参照によってしか、考えられず、評価されないものである。この形式なくしては、散乱や分裂は、ただ単純に、事実として認められ、受け入れられ、認可されるだけなのである。そんなわけで、形式は、内容を、あるいはむしろ諸内容を指示することを許すのだ。運動は、その出現において、ひとつの隠された運動、内容と都市的形式との弁証法的（葛藤的）運動、すなわち問題性を出現せしめる。この問題性がそのなかに記入されているところの形式は、それの部分をなす諸問題を提起する。都市生活の諸内容の同時性とか集合とかは、誰の前に、誰のために、樹立されるのであろうか。

スペクトル分析

実は、実践（応用都市計画を含む）のなかで働いているのをわれわれが見ているところの合理性、この限界つきの合理性は、とりわけ、きわめて押し進められ、大いに武装され、たいへんな抑圧手段を付与された分析的知力の諸様態にしたがって、行使される。この分析的知性は、綜合の諸特権や諸威光を身にまとう。それは、このようにして、おのれが覆い包んでいるもの、すなわち諸々の戦略を、隠蔽するのである。ひとは、この知性にたいして、綿密に商量された諸細部を社会的総体性の表象へ従属させることと同様に、機能的なるもの、あるいはむしろ単一機能的なるものについての断乎たる配慮の責を負わせることができる。かくて、合理的（技術的あるいは経済的に）なものとして与えられるイデオロギー的総体と、かけひきや予見の対象たるこまごまとした諸方策とのあいだの諸々の媒介物は、姿を消すのである。このような理論的で実践的、社会的で精神的な諸々の媒介物の括弧入れは、諸々の仲介者（商人、金融業者、広告業者など）が巨大な特権を保有している社会のなかにおいては、黒いユーモアを欠いてはいない。一方が他方を掩護するのである！　かくて、総体的なるもの（空虚の上を飛翔するところの）と、操作され、抑圧され、その上に諸々の制度がのしかかるところの部分的なるものとのあいだに、深淵が穿たれる。

ここでわれわれが疑問のなかに投ずるのは、不確実な《総体性》ではなくて、ひとつのイデオロギーであり、このイデオロギーを利用し支持する階級戦略である。さきに言及した分析的知力の使用には、社会の諸要素を一種の《スペクトル》分析のあとで地所の上へ投影することと同様に、労働の極端な細分化や最終的な限界にまで押し進められた専門化（都市計画家たちの専門的研究を含む）が、結びつく。分離は、自然発生的（所得やイデオロギーから来る）——意志的（切り離された空間を樹立する）——計画表的（整備や計画の口実のもとにおける）という、あるときは同時的、あるときは継起的なその三つの様相をもったものとして、明らかにされなければならない。

異論の余地なく、すべての国々において、諸々の強い傾向が、分離主義的傾向に対立している。諸々の集団や同一教養人集合や社会的な地層とか階級の分離が、諸々の権力の恒常的で単一な戦略から由来するとか、その分離のなかに、諸制度の有効な投影、指導者たちの意志を見るべきだとか主張することはできない。それどころか、さまざまの意志、さまざまの一致した行動が、その分離を打倒しようと試みているのである。しかも、それにもかかわらず、まさに社会的諸集団の分裂が顕著な明白さをもって地所の上に現われていない場所において、この方向における圧力や分離のさまざまな痕跡が、調査にたいして姿を現わす。極限的な場合、最終的結果、それはゲットーである。いくつかのゲットーがあり、いくつかの型のゲットーがあるということを観察しよう。すなわち、ユダヤ人のゲットーや黒人のゲットーがあるのだが、さらにまた知識人や労働者のゲットーもある。住宅地域は、それなりのやり方で、ゲットーである。所得や権力によって上流の人々は、彼等自身、富のゲットーへとやって来て孤立するのだ。余暇も、そのゲットーを持っている。ひとつの一致した行動が諸々の社会的階層や階級を攪拌しようと試みたところでは、自然発生的な傾瀉が、いちはやくそれらを切り離す。分離の現象は、生態学的（掘立て小屋街、あばら屋、都市の中心の腐敗）、形式的（都市の諸々の記号や意味の毀損、諸々の建築的要素の崩壊による《都市的なるもの》の低落）、社会学的（生活水準、生活様式、同一教養人集合、文化、下＝文化など）などという多様な兆候や基準にしたがって分析されなければならない。

諸々の反＝分離主義的な傾向は、むしろイデオロギー的であるかもしれない。それらは、あるときは自由主義的人間主義に、あるときは《主体》（共同体、社会的有機体）とみなされる都市の哲学に、基づくものである。人間主義的な善き意図、哲学的な善き意志にもかかわらず、実践は分離へと赴く。なぜであろうか。理論的諸理由により、そして、社会的・政治的諸原因によってである。理論的平面においては、分析的思惟は切り離し、切り取る。それは、ひとつの綜合に到達しようと欲するときには、挫折する。社会的・政治的には、諸々の階級戦略（無意識的あるいは意識的）は、分離をねらうのである。

民主主義的な国々においては、公的な諸権力は分離としての分離を公然と布告することはできない。したがって、しばしば、デマゴギーに変わるのでないときには、最も古くさい意味におけるユートピアへと変わるところの人間主義的イデオロギーを採用するのである。分離は、これらの公的権力が支配するところの社会生活の諸分域においてさえも、容易さや深さに大小の差はあれ、ともかくつねに勝利を占める。

「国家」と「企業」は、都市を呑み込み、都市を都市として抹殺しようと努めるのだと、われわれはいう。「国家」はむしろ上から、そして「企業」は下から（諸々の労働者都市とか《社会》に属する諸々の総体とかのなかに住居や居住する機能を保証し、また余暇や、文化とか《社会的昇進》とかをさえも保証しつつ）取りかかる。「国家」と「企業」は、それらの相違、そして時としてはそれらの相剋にもかかわらず、分離へとむかって収斂するのである。

「国家」の政治的諸形態（資本主義的、社会主義的、過渡的など）が都市にたいする異なった戦略を生み出すかどうかという問題は、開いたままにしておこう。さしあたっては、これらの戦略が、どこで、どのようにして、誰のところで、誰とともに練り上げられるのかということを知ろうと試みないでおこう。われわれは、諸々の戦略を、意味を持った方向づけとして観察することによって、確認する。形態論的に都市を破壊し、都市生活を脅かすところの分離は、偶然の結果とも局地的状況の結果ともみなされることはできない。ある体制の民主主義的性格は、都市とか諸々の都市的《自由》とか、都市現実とかにたいする、したがって分離にたいする、その態度によって識別されるということを指摘することで満足しておこう。頭に入れておくべき諸々の基準のなかで、これは最も重要なもののひとつではあるまいか。都市とか都市の問題性とかに関することで、それは本質的なものである。さらに、政治的権力と、政治家たちの意志（善い、あるいは悪い）の結果を無に帰することができる諸々の社会的圧力とを区別しなければならない。「企業」に関することでも、やはり問題を開いたままにしておこう。合理性一般（イデオロギー的および実践的）のあいだの関係、一方では計画化（一般的および都市的）と他方では大企業の合理的管理とのあいだの関係は、どのようなものであろうか。しかしながら、ひとつの仮説、ひとつの探究の指針を提起しよう。企業の合理性は、つねに仕事や作業やつながりの極点にまで押し進められた分析を含んでいる。それのみならず、ある階級戦略の諸々の理由や原因は、資本主義的企業のなかで、完全に働いている。したがって、そのようなものとしての企業が極度の分離へと赴き、この方向に行動し、決定のなかにではないにしても、社会的な圧力のなかに加わることになるきわめて強い蓋然性が存在する。

「国家」と「企業」とは、都市の諸機能を奪い取り、それらを引き受け、都市的なるものの形式を破壊しつつ、それらを保証しようと努める。彼等は、それをすることができるであろうか。これらの戦略的目標は、結び合わされたものにせよ、そうでないにせよ、彼等の力を越えはしないであろうか。この点についての探索は、この上なく大きな興味を呼ぶものとなろう。その諸条件や諸様態が徐々にあらわになっている都市の危機は、都市の規模における諸制度の危機、都市の司法や行政の危機をともなわずにはいない。都市の独自の水準に属していたもの（地方自治体、局地的な支出や投資、学校や学習課程、大学など）が、次第に「国家」の統制のもとに移行し、総体的な枠のなかで制度化されるので、都市は、特殊的な制度としては消滅する方向にむかう。このことは、それら自身特殊的な諸々の独自的集団の作品としての都市を廃絶することになる。それにしても（しかし、このことは、法律的・経済的・行政的・文化的な社会学の諸々の探究によってさらに証明されなければならない）上級の審級や権力は、都市というこの中継地、この媒介物なしにすますことができるであろうか。それらは、都市的なるものを廃絶することができるであろうか。まさにこの水準においてこそ、日常生活が、それを上方から規制する諸制度によって支配され、多数の強制によって強化され配列されて、構成されるのである。全般的計画化の水準において都市を抹殺する方向へとむかう生産主義的合理性は、組織され統制される消費の平面、監督される市場の平面において、都市を再発見する。総体的な諸決定の水準において都市を斥けたあとで、権力は、施行や適用の水準で、都市を再構成する。その結果として――ひとがフランスその他における状況を理解することができるのであるかぎり――諸々の方策（いずれも理にかなった）や規則（いずれもきわめて精錬された）や強制（いずれも根拠のある）の途方もない錯綜が現われる。官僚主義的合理性の働きは、その諸々の前提や帰結において縺れる。それらは、その働きをはみ出し、それから逃れるのである。諸々の葛藤や矛盾が、諸々の《構造化する》活動や、葛藤や矛盾を抹殺することに向けられる諸々の《一致した》行為でいっぱいになりながら、再生する。ここで、地所の上において、官僚主義《ビューロクラシー》や技術主義《テクノクラシー》の限定された（限界づきの）合理主義の不条理性が明らかになる。ここで、「国家」における合理的なるものと現実的なるものとの迷妄的な同一視の誤りや、不条理的なるものと或る権力主義的な合理主義との真の一致が、捉えられる。

　都市や都市的なるものは、われわれの地平線に、潜在的な物体として、綜合的な再構成の企図として、横顔をのぞかせる。批判的分析は、批判的でない分析的思惟の挫折を確認する。ひとが地所の上にその諸結果を確認することのできるあの分析的実践は、都市とか都市的なるもののうち、なにを保持するであろうか。いくつかの様相、いくつかの要素、いくつかの断片である。その分析的実践は、スペクトル〔元来、幽霊を意味する〕を、都市のスペクトル分析を、眼下に置くのだ。われわれがスペクトル分析という場合、この言葉を、比喩としてではなく、ほぼ文字通りの意味にとってもらいたい。目の前に、われわれの視線のもとに、われわれは都市の《スペクトル》、都市社会の、そしておそらくは社会そのもののスペクトルを持つのである。たとえ共産主義の幽霊《スペクトル》がもはやヨーロッパを徘徊していないにしても〔『共産党宣言』の冒頭の一句、「一匹の幽霊がヨーロッパを徘徊している。共産主義の幽霊が……」を受ける〕、都市の亡霊、殺されて死んだものの遺恨、おそらくは悔恨が、古い幽霊にとってかわっている。準備されつつある都市の地獄のイメージは、魅惑において劣りはしない。しかも、人々は、自分たちの郷愁を癒すと信じて、それらの都市を観光的に消費するために、古代都市の廃墟へと押し寄せている。われわれの前に、見世物（自分たちの《意識》の前に持っているものについて《無意識》な観客たちにたいする）のように、社会生活や都市的なるものの諸要素が、分解されて死んだ状態で横たわっているのである。ここには、青年も老人もいない《団地》がある。ここには、男たちが遠くへ働きに行き疲れ切って帰ってくるあいだ居眠りしている女たちがいる。ここには、小宇宙を形成しているけれども、決定の中心に依拠していて、おのおのの家庭がテレビを持っているがゆえに都市的なものにとどまっている一戸建て地域がある。ここには、仕事とか交通とか私生活とか余暇とかいった諸々の断片へとうまく截断された日常生活がある。分析的切断が、それらを、成分とか化学的元素とかのように、なまの材料のように（それらは、ながい歴史から結果するものであり、物質性の我有化を含んでいるものなのだが）、孤立化させたのである。これで終わりではない。ここには、あるものは萎縮しあるものは肥大した諸感覚、すなわち嗅覚、味覚、視覚、触覚、聴覚がある。ここには、ばらばらに働く知覚、知力、理性がある。ここには、語りと述話、記書がある。ここには、日常性と祝祭があるが、後者は死に瀕している。まったく明白、まったく喫緊のことながら、このままにしておくことはできない。したがって、綜合が、今日の課題、今世紀の課題として、記載される。けれども、この綜合は、分析的知性にたいしては、切り離された諸要素の組合わせとしてしか現われない。ところで、組合わせは綜合ではなく、けっして綜合となりはしない。都市や都市的なるものは、都市の諸々の記号や都市的なるものの諸々の意義素から出発して再構成されはしない。そして、このことは、都市はひとつの意味する総体であるにもかかわらず、真実なのである。都市は、たんにひとつの言語であるわけではなく、またひとつの実践でもある。したがって、この綜合を発言し、それを予告する資格は誰にもないのであって、このことを強調しつつ繰返すことをわれわれは恐れない。建築家や経済学者や民勢学者や言語学者や記号学者にも、社会学者あるいは《アニメーター》にも、その資格はないのである。誰も、その能力をも権利をも持っていない。もしも哲学が、何世紀かのあいだに、具体的な全体性に到達する能力のない（哲学はつねに全体性をねらい、総体的・一般的な問題を提起したにもかかわらず）ことを証明しなかったとすれば、ただ哲学者だけが、おそらくこの権利を持つところであろう。ただ、ひとつの実践のみが、規定する必要のある諸条件のなかで、ある綜合の可能性と要請を引き受け、散乱し、分解し、分裂した状態で現われているものの集合、それも同時性や出会いの形態における集合という目標にむかっての方向づけを引き受けることができる。

したがって、ここでは、われわれの目の前に、諸々の集団や同一教養人集合や年齢や性別や活動や仕事や職分や知識が、地所の上にばらばらに投影されている。ここには、ひとつの世界、すなわち都市社会あるいは発達した《都市的なるもの》を創り出すために必要なすべてのものがある。けれども、この世界は不在であり、この社会は、われわれの前において、潜在性の状態にしかないのである。それは、生まれる前に死ぬ。萌芽のうちに死滅するおそれがある。諸々の可能性を出現させる諸条件も、やはりそれらの可能性を、潜在的な状態に、すなわち現存＝不在のなかに維持することがありうる。これこそ、劇の根源、郷愁の噴出点ではあるまいか。都市的なるものは、欠如のなかとか、貧困のなかとか、たんに可能的なるものにとどまっている諸々の可能的なるもののなかとかに生きている人々につきまとう。かくて、綜合とか参加とかが、都市から排除され、《都市的なるもの》から閉め出された参加していない者や統合されていない者や可能的な社会の断片と過去の廃墟のなかで生き続けている人々につきまとうのである。

これまで通ってきた道には、全体的なるもの（総体的なるもの）と部分的なるものとのあいだ、分析と綜合とのあいだの諸矛盾の標柱が立っている。ここで、もうひとつの高く深い新たな矛盾が姿を現わす。それは、もはや理論の興味をひくのではなくて、実践の興味をひくものである。同一の社会的実践、すなわち現在の社会（二十世紀後半のフランスにおける）が、意味を持ちはするが、意味を持った対立に還元されることのできない二重の性格を、批判的分析にたいして提供する。

一方において、この社会的実践は、統合的である。この実践は、その諸々の要素や様相を、ひとつの整合的な全体に統合しようと努めるのである。統合は、多様な様態に応じて、さまざまな異なった水準で遂行される。すなわち、《商品の世界》において、市場によって、いいかえれば、消費によって、そして、消費のイデオロギーによって——単一で総体的なものとして提起される《文化》によって——芸術を含む諸々の《価値》によって——国民意識、国の規模における政治的な選択や戦略の意識を含む国家の行動によって、遂行されるのである。この統合は、まず労働者階級をねらうが、また知識階級や知識人たち、すなわち批判的思惟（マルクス主義をも除外することなく）をもねらう。都市計画は、まさにこのような統合的実践にとって、本質的なものになりうるかもしれない。

同時に、この社会は、分離を実行する。総体的（組織化的、計画化的、単一的、単一化的）たらんと欲する同じ合理性が、分析的水準において具体化されるのである。その合理性は、地所の上に分裂を投影する。その合理性は、（アメリカにおけるように）諸々のグットーあるいはパーキング、すなわち労働者たちのゲットー、知識人たちのゲットー、学生たちのゲットー（キャンパス）、外国人たちのゲットー、その他、そしてさらに、余暇のゲットーあるいは細工物作りや道楽仕事へと追い込まれた《創造性》のゲットーから組立てられる傾向を持つ。空間におけるゲットーと、時間におけるゲットーがあるわけである。都市計画的な表象において、《地帯制》《ゾーニング》という言葉は、すでに、分裂とか分離とか定められたゲットーのなかへの孤立化とかを含んでいる。事実は、企画のなかにおいて、合理性となる。

この社会は、整合的たらんと欲し、みずからそうであると思い込む。この社会は、効果的な（組織化的）行動の特徴としてと同時に価値や基準としての合理性に結びついた整合性を追求する。整合性のイデオロギーは、検討にたいして、隠されてはいるがしかも顕著な不整合性を開示する。整合性というものは、葛藤的なものとして否認され否定された葛藤的な状況のなかにとどまることを欲しつつ、整合性へとむかう道をもとめる不整合的な社会の強迫観念ではなかろうか。

それが、ただひとつの強迫観念なのではない。統合もまた、強迫観念的な主題、目的なき志向となっている。きわめて多様な意味にとられる《統合》という言葉が、何事かを開示することになるほどの大きな頻度をもって、諸々のテクスト（新聞、書物、そしてまた言説）のなかに現われるのである。この言葉は、一方では、社会的実践に関係し、それを包囲し、ひとつの戦略を暴露する或る概念を指している。他方でけ、これは、ひとつの強迫観念、すなわち（ある物へ、また他の物へ、すなわち、ある集団へ、ある総体へ、ある全体へ）統合されたいという強迫観念を開示するところの、概念なく、目標なく、客観性もない社会的含意語である。全体を部分に、綜合を分析に、整合性を不整合性に、組織を分解に、重ね合わせるところの社会においては、どうしてそれ以外であるだろうか。まさに都市とか都市の問題性とかから出発することによってこそ、このような構成的二元性が、その葛藤的内容とともに、姿を現わすのである。その結果として起るのは何であろうか。それが、とりわけ都市現実に及ぶ分解的統合の性質をもった逆説的な諸現象であるということには、なんの疑いもない。

このことは、この社会が解体するとか、それがばらばらになるとかいうことを意味しはしない。そうではないのだ。この社会は動く。どんなふうに？　なぜ？　このことは問題である。このことはまた、この動きが、社会の強迫観念という巨大な不安なしには進まないということをも意味する。

参加（統合に結びついた）という別の強迫観念的な主題がある。けれども、ことは、たんなる強迫観念に関しているのではない。実践において、参加のイデオロギーは、最小の代価によって、関心を持ち関係を持っている人々の同意を獲得することを許す。多かれ少なかれ押し進められた情報や社会活動の見せかけのあとで、彼等は、彼等の静かな受動性のなかへ、彼等の避難所のなかへと帰るのである。現実的で活動的な参加が、すでにひとつの名前を持っているということは明らかではなかろうか。それは、自主管理と呼ばれるのだ。このことは、別のさまざまな問題を提起する。

きわめて強力な諸々の力が、都市を破壊しようとしている。ある種の都市計画が、われわれの前で、都市の死をねらう実践のイデオロギーを、地所の上に投影している。これらの社会的・政治的な力が、形成途上の《都市的なるもの》を劫掠している。それなりのやり方できわめて強力なこの萌芽は、「国家」とか「企業」とか「文化」(その像や作品を消費へと提供することによって、都市を死滅させるところの)とか「科学」あるいはむしろ科学性(現存する合理性に奉仕し、それを正当化するところの)とかいうこれらの巨塊のあいだになお存続している割れ目のなかにおいて、生まれることができるであろうか。都市生活は、ほとんど完全に消滅していて、権力的な方途によっても、行政的な布令によっても、専門家たちの介入によっても鼓舞することのできない都市の統合や参加の能力を、恢復し、強化することができるであろうか。理論的に枢要な問題は、このように定式化される。分析がその責を帰しうるところの《主体》が存在するにせよ、しないにせよ、それが非統一的な一連の行動の総体的な帰結であるにせよ、ある意志の結果であるにせよ、階級戦略としての分離の政治的意味は明瞭である。伝統的な都市から排除され、現在の都市生活あるいは可能的な都市生活を剥奪されて、分離の犠牲者となっている労働者階級にとって、ひとつの実践的な、したがって政治的な問題が提起される。たとえ、それが政治的に提起されなかったにしても、そして、住宅問題が、今日まで、その問題およびそれの代表者たちにたいして、都市や都市的なるものの問題性を隠蔽してきたにしても……。

都市への権利

理論的考察は、都市社会に内在する諸々の社会的欲求と同様に、都市の諸形態、諸機能、諸構造（経済的、政治的、文化的など）をも規定づけしなおさなくてはならなくなっている。これまでは、ただ、消費社会と称せられる社会（管理される消費の官僚主義的社会）によって刻印された動機をもつ諸々の個人的欲求のみが踏査され、しかも、効果的に認識され認められるというよりは、むしろ操作されてきた。諸々の社会的欲求は、ひとつの人間学的基盤を持っている。それらは、相対立し、相補的であって、安全の欲求と開放の欲求、確実性の欲求と冒険の欲求、仕事の組織化の欲求と遊びの欲求、予見可能性の欲求と予見されないものの欲求、統一と相違、絶縁と出会い、交換と投資、独立（さらには孤独）と交流、即時性と長期の展望の欲求を、含んでいるのである。人間存在は、また精力を蓄積する欲求と、それを費消し、さらにはそれを遊びのなかで濫費する欲求とをも持っている。人間存在は、見たり聞いたり触れたり味わったりする欲求、そして、これらの知覚をひとつの《世界》へと結合する欲求を持っている。社会的に縛り上げられた（すなわち、あるときは切り離され、あるときは結合され、ここでは圧縮され、かしこでは拡張された）これらの人間学的欲求に、都市計画家たちによって多かれ少なかれ渋りつつ考慮に入れられる商業的および文化的設備が満足させることのない特殊的な諸欲求がつけ加わる。問題になっているのは、創造的活動や作品（たんに生産物とか消費しうる物質的財貨とかではなく）の欲求や、情報、象徴体系、想像的なるもの、遊戯的活動などの欲求である。これらの特殊化された欲求を通して、ある根源的な欲望が生き、そして生き続ける。遊び、セックス、スポーツのごとき身体的行為、創造的活動、芸術、認識などは、その欲望の特定の表われや契機であり、多かれ少なかれ労働の細片的な分割を乗り越えるものである。最後に、都市とか都市生活とかの欲求は、ここで取り出され、地平を開こうとしている諸々の展望のなかでしか、自由に表現されない。諸々の特殊的な都市的欲求とは、資格ある場所、同時性や出会いの場所、交換が交換価値や商業や利得によっては行なわれないような場所の欲求ではあるまいか。それはまた、これらの出会いやこれらの交換の時間の欲求ではあるまいか。

都市の分析的科学は、必要なものだが、こんにち粗描の状態にしかない。概念とか理論とかは、それらの練り上げの当初においては、形成途上の都市現実とともに、すなわち都市社会の実践（社会的実践）とともにしか、進歩することができない。現在、地平を閉塞していて、知や行動の隘路でしかなく、跳び越えるべき敷居をなしていた諸々のイデオロギーや実践の止揚を実施するには、苦労をともなわないわけではない。

都市の科学は、都市を対象とするものである。この科学は、その方法や手続きや概念を、細分化された諸科学から借りる。綜合は、二重にその科学から逃れる。まず、全体的たらんと欲するであろうところの、そして、分析法から出発して、戦略的な体系化や綱領化からしか成立しえないところの綜合としてのかぎりにおいて……。つぎに、完成された現実としての都市という対象は、解体するがゆえに……。認識は、おのれの前に、それを切り取り、諸断片から出発して組み立てなおすために、すでに改変されている歴史的都会を持っているのである。社会的テクストとして、この歴史的都市は、もはや、諸々の布告とか、さまざまの象徴や或る様式に結びついた時間割とかの整合的な連鎖とかをなんら持ってはいない。このテクストは遠ざかる。それは、資料とか展示会とか博物館とかの様子を持つようになる。歴史的に形成された都市は、もはや生きられず、もはや実践的にとらえられない。それはもはや、観光客たちにとって、見世物や絵のような風景に飢えた審美主義にとっての、文化的消費の対象でしかない。熱心にそれを理解しようと努める人々にとってさえも、都市は死んでいるのである。しかしながら、《都市的なるもの》は、分散され疎外された現実性とか萌芽とか滞在性とかの状態で、存続している。目や分析が地所の上に見て取ることができるところのものは、せいぜい昇る太陽の光のなかにおける未来の物体の影とみなされることができる。古い都市の再建をめざすことは不可能であるが、ただ、新たな土台の上に立った、規模を異にし、別の諸条件のなか、別の社会のなかにある新たな都市の建設は可能なのだ。後方へ（伝統的都市にむかって）の回帰でもなく、巨大で無定形の人口密集地帯へとむかう前方への逃亡でもない——処方はかくのごときものである。いいかえれば、都市に関することについては、科学の対象は与えられていないのだ。過去と現在と可能的なるものとは、切り離されない。それは、思惟が研究するところの潜在的対象である。このことは、新たな手続きをうながす。

古い古典的人間主義は、はるか以前に、その生涯を終えており、しかも、まずく終えている。それは死んでいるのである。ミイラにされ、防腐処置を施されたその死体は、重くるしくのしかかり、よからぬ臭いがする。それは、このようにして人間的なるものの外見のもとに文化的墓地へと変貌させられた公的あるいは私的な多くの場所、すなわち美術館とか大学とか多様な公刊物とかを、占拠している。それに、諸々の新都会や都市計画の雑誌類である。陳腐なものや平板なものが、この包装によって包まれている。《人間的尺度》ということがいわれる。実は、われわれは、度はずれなものを引き受け、宇宙の背丈に合った《何物か》を創造しなければならないのだが……。

この古い人間主義は、両次世界戦争のなかで、大殺戮にともなう民勢学的激発のあいだに、経済的な成長や競争の荒々しい要請を前にして、うまく統御されない諸々の技術の激発のもとで、死を発見した。それは、もはやひとつのイデオロギーでさえなく、わずかに公的な言説のためのひとつの主題にすぎない。

あたかも古典的人間主義の死が人間の死に一致したかのごとく、ひとは最近、大きな叫び声を発した。「神は死に、人間もまた死んだ」と〔いわゆる構造主義者たちの発言をさす。とくに先鋭的なかたちでこのような傾向を示すのはミシェル・フーコーで、たとえば『言葉と物』には、つぎのような一句が見られる。「神の死以上に、ニーチェの思想が告知するのは、神を殺した者の終末である」（原書三九六頁）〕。評判になった諸々の本のなかに拡まっていて、ほとんど無責任な広告によって採用されているこのような定式は、なんら新しいものを持ってはいない。ニーチェの思索は、一世紀近く以前、ヨーロッパにとっての悪い予兆であった一八七〇―一八七一年の戦争〔普仏戦争をさす〕の際に、その文化やその文明を開始したのである。ニーチェが「神」の死と人間の死とを告知したときに、彼は、大きく口を開いた空虚を残したのではない。彼は、この空虚を、間に合わせの材料によって、すなわち言語とか言語学とかによって埋めはしなかった〔構造主義者たちは、一般に、言語学の方法論に依拠している〕。彼は、彼が診断した虚無主義を克服したのである。一世紀おくれて理論的および詩的な財宝を鋳造している著者たちは、われわれをふたたび虚無主義のなかに沈める。ニーチェ以来、「超人」の諸々の危険は、残酷な明瞭さをもって現われた〔ニーチェの超人思想は、ナチスのゲルマン民族主義に利用された〕。他方、工業生産とか計画化的合理性なるものとかから生まれるのが見られるところの《新しい人間》は、あまりにもわれわれを失望させただけである。なお、ひとつの途、すなわち、都市社会とか、作品であって生産物ではないであろうこの社会における作品としての人間的なるものとかの途が、開けている。多価的で、多感覚的で、《世界》（周囲および自分自身）との複雑で透明な関係の能力がある都市的人間にむかっての、古い《社会的動物》と古い都市の人間すなわち都市的動物との同時的な止揚か、それとも虚無主義かである。もしも人間が死んだのであるのならば、誰のためにわれわれは建設しようとするのか。どのようにして建設するのか。都市が消滅したか否かとか、都市を新たに考え、新たな基盤の上に再建しなければならないのか、それとも都市を止揚しなければならないのかとかいうことは、たいして重要ではない。恐怖が支配しているということや、原子爆弾が投下されるか否かとか、「地球」という惑星が破裂するか否かということは、たいして重要ではない。重要なのは何であろうか。誰が考え、誰が行動し、さらに誰が語り、誰のために語るのか。もしも、意味や目的が消滅し、もはやわれわれがそれらを実践のなかにおいて宣言することさえできないのであるならば、何物も重要性を持たず、関心をひきもしない。そして、もしも、《人間存在》の諸能力、すなわち、技術とか、科学とか、想像力とか、芸術とか、あるいはその不在とかが、自律的な権能へとのしあがり、考察的思惟が《主体》の不在というこの確認で満足するならば、なにを反論すべきであろうか。なにをなすべきであろうか。

古い人間主義は遠ざかり、姿を消す。郷愁は弱まり、われわれが、道を貫いて拡がっているその形をふたたび見るために、ふりかえることもますます稀である。それは、自由主義的ブルジョアジーのイデオロギーであった。それは、人民の上に、人間の苦しみの上に、身をかがめていた。それは、修辞を、美しい魂とか偉大なる感情とか良心とかによって蔽い、支えていた。それは、ユダヤ・キリスト折衷教をまぶしたギリシャ・ラテンの引用によって組立てられていた。ひどいカクテル、はき気をもよおす混ぜ物である。ただ何人かの知識人たち（《左翼》の――しかし、なお右翼の知識人というものがいるであろうか）だけが、いまなお、革命的でもなく、公然と反動的でもなく、ディオニュソス的でもなく、アポロ的でもない〔ニーチェは『悲劇の誕生』において、ギリシャ神話の二柱の神の名をかりて、アポロ的なものとディオニュソス的なものというふたつの概念を提出し、芸術はこの両者の二重性によって進展して行くとした〕この悲しい飲み物にたいする好みを持っている。

したがって、われわれがめざし努力すべきなのは、まさに新しい人間主義にむかってであり、新しい実践とか、別の人間、すなわち都市社会の人間とかにむかってなのである。この意志を脅かす諸々の神話から逃れつつ、この企てを外す諸々のイデオロギーや、この進路を斥ける諸々の戦略を破壊しつつ……。都市生活は、まだ始まっていない。われわれは、こんにち、そこでは田舎が都市を支配し、その諸々の観念や《価値》や禁忌や布令が大部分は田舎的で《自然的》な特徴をもった農地的起源を有するものであるような何千年来の社会の破片の一覧表を、仕上げつつあるのだ。散在性のいくつかの都会が、田舎的な大海から、わずかに姿を現わしつつあった。田舎的社会は、非＝豊富性、貧窮、受け入れられあるいは拒否される欠乏、諸々の欠乏を調整し規制する諸々の禁制などの社会であった（いまなお、そうである）。他方、それは「祭り」の社会であったが、最良のものであるこの相は保持されなかったのであって、まさに諸々の神話や制限ではなくて、この相こそが復活させられなければならないのだ！　ここで、決定的な指摘として、つぎのことを述べておこう。伝統的な都会の危機は、おなじく伝統的な農地的文明の世界的危機にともなっている。このふたつの危機は、いっしょに進むのであり、さらに合致しさえするのである。この二重の危機を解決すること、とりわけ、新しい都市とともに、都市のなかにおける新しい生活を創造することによって、それを解決することは《われわれ》の責任である。諸々の革命国（十月革命後十年ないし十五年のソ連も、そのなかにはいる）は、工業の上に基礎をおく社会の発展を予感した。しかし、ただ予感しただけである。

以上の文中において、《われわれ》という言葉は、たんに比喩の力を持っているだけである。それは、当事者たちを指している。建築家も、都市計画家も、社会学者も、経済学者も、哲学者あるいは政治家も、新しい形式や関係を、布令によって虚無から引き出すことはできない。もっとしぼる必要があるならば、建築家も社会学者も、魔法使いの力を持たないといおう。どちらも、社会的関係を創り出しはしないのである。ある好都合な条件のなかで、彼等は、諸々の傾向が定式化される（形をとる）のを助けるのだ。ただ、総体的能力における社会生活（実践）のみが、そのような力を所有している。あるいは、所有していない。ばらばらに、あるいは一組にして取り上げられて、さきに名ざされた人々は、道を掃き清めることができる。彼等はまた、諸々の形式を提案し、試し、準備することができる。そしてまた（そして、とりわけ）獲得された経験を登録し、失敗から教訓を引き出し、科学によって養われた産婆術によって、可能的なるものの分娩を助けることもできる。

われわれが到達した点において、知的な手続きや道具の改変の緊急性を指摘しよう。ほかの場所で用いた言い表わし方をもう一度採用するならば、いまなおほとんど馴染みのない精神的手続きが、不可欠なように思われるのである。

（a）転繹《トランスデュクシオン》。これは、方法的に追求することができ、古典的な帰納や演繹とも《範型》の構築とも模擬ともたんなる仮説の発表とも異なる、ひとつの知的な作業である。転繹は、ひとつの理論的物体、ひとつの可能的な物体を練り上げ、構築するのであって、しかも、現実にも、この現実によって提起される問題性にも及ぶ諸々の情報から出発して、そのことを行なうのである。転繹は、利用される概念的な枠と諸々の経験的な観察とのあいだの不断のフィード・バックを予想している。その理論（方法論）は、都市計画家や建築家や社会学者や政治家や哲学者のある種の自然発生的な精神的作業に形を与える。それは、創意のなかに厳密性を導入し、ユートピアのなかに認識を導入する。

（b）実験的ユートピア。こんにち、誰がユートピストでないであろうか。ただ、取決められた規準や強制を最小の検討に付することもなしに、註文によって仕事をするところの狭く専門化された実際家たち、まるで興味をひかないこれらの人物たちだけが、ユートピア主義を逃れるのである。紀元二千年のパリを企画している計画家たち、ブラジリア〔ブラジルの新首都。一九五六年から建設が開始され、一九六〇年に遷都が行なわれた〕をつくった技師たちなどといった前望主義者たちをふくめて、誰もがユートピストなのだ！　けれども、何種類かのユートピア主義が存在する。最悪なのは、自分の名を名乗らず、実証主義によって身を覆い、この資格において、この上なく厳格な諸々の強制や、この上なく無茶な技術性の不在を押しつけるところのユートピア主義ではあるまいか。

ユートピアは、その諸々の伴立や帰結を地所の上において研究しつつ、実験的に考察すべきものである。それらの伴立や帰結は、われわれを意外さによって驚かせることがありうる。社会的に成功した場所はいかなる場所であり、将来いかなる場所となるであろうか。どのようにして、それを検出すべきか。いかなる基準によって検出すべきか。これらの《成功した》空間、すなわち幸福に好都合な空間のなかには、いかなる時間、いかなる日常生活のリズムが、記入《アンスクリール》され、書《エクリール》かれ、処方《プレスクリール》されるのか。これこそが興味をひくことである。

ほかにも知的に不可欠ないくつかの手続きがある。三つの根本的な理論的概念、すなわち構造、機能、形式を、分離することなしに識別すること。それらの概念の射程、それらの有効性の範囲、それらの限界や相互関係を認識すること――それらがひとつの全体をなしているけれども、この全体の諸要素は一種の独立性と相対的自律性を持っているということを知ること――それらのなかのひとつを特権化しないこと。ひとつの概念の特権化は、あるイデオロギー、すなわち諸々の意味の教条的で閉ざされた体系を生み出す。すなわち、構造主義、形式主義、機能主義である。現実的なるものの分析（けっして徹底的で余すところなきものではない分析）のためにも、《転繹》と称される作業のためにも、それらの概念を、平等性にもとづいて交互に用いること。ひとつの機能が異なったさまざまの構造を手段として遂行されうるのであって、諸項のあいだに一面的な結びつきはないのだということをよく理解すること。機能や構造は、それらを露わにし、それらを蔽い隠すところの諸々の形式を身にまとうということ――これらの相の三重性は、要素であり部分であるこれらの相より以上のものである《全体》を構成するということ、をよく理解すること。

　われわれの手中にある知的道具のなかには、軽蔑にも絶対的なるものの特権にもふさわしくないひとつの道具がある。すなわち、意味の体系（あるいはむしろ下次＝体系）という道具である。

　政治家たちは、彼等によって影響される諸々の行為や出来事を彼等の戦略に従属させることを彼等に許すところの彼等の意味の体系——イデオロギー——を持っている。

卑賤な住民は、生態学的水準における彼の意味の体系（あるいはむしろ彼の下次＝体系）を持っている。ここあるいはかしこに住むという事実は、あるひとつの体系、たとえば一戸建て住居の体系の受け入れ、採用、伝達を含んでいる。住民の意味の体系は、彼の受動性と彼の活動とを語る。それは、受け取られるのであるが、しかし、実践によって改変される。それは、知覚されるのである。

建築家たちは、意味の総体としては十分に解明されずに、《機能》とか《形式》とか《構造》とか、あるいはむしろ機能主義とか形式主義とか構造主義とかいった多様な言葉のもとに置かれた意味の総体を樹立し、教条化したように思われる。彼等は、居住する人々によって知覚され体験される諸々の意味からではなくて、彼等によって解釈される居住するという事実から出発して、その意味の総体を練り上げるのである。それは、言辞的であり述話的であって、超言語へとむかうものである。それは図記法であり、視覚化である。これらの建築家たちがひとつの社会的集団を構成しており、彼等がいくつかの機関に結びついているという事実から、彼等の体系は、閉ざされ、押しつけられ、あらゆる批判を避ける傾向を持つ。しばしば、別段の手続きも用心もなしに、外挿法によって都市計画へとのしあがるこの体系を定式化する必要があろう。

正当に《都市計画》と呼ぶことができ、《居住すること》と呼ばれる古くからの実践

（すなわち人間的なるもの）の諸々の意味につながり、これらの部分的な事実に都市的な時間＝空間の一般理論をつけ加え、この練り上げから生じる新たな実践を指示するであろう理論、このような都市計画は、潜在的に存在している。それは、現在の分断や分裂を止揚する、都市や都市的なるものについての完全な理論の実践的伴立としてしか、構想されることができない。とりわけ、都市の哲学と都市の科学（あるいは諸科学）とのあいだ、部分的なものと総体的なものとのあいだの分断を止揚する理論の……。このような進路の上に、現在のさまざまな都市計画的企画が登場することもありうるが、しかし、ただ、それらのイデオロギー的および戦略的な伴立の確固たる批判を通してのみそれは可能なのである。

ひとが規定づけうるかぎりにおいては、われわれの対象——都市的なるもの——は、こんにち、考察の前に、すなわち、われわれの考察の前に、全面的に現前し、十分に現実的となることは、けっしてないであろう。あらゆる他の対象と同様に、それは、現動態にあると同時に潜勢的でもある高度に複雑な全体性の性格を所有しているのであって、その性格は、探究によってねらわれ、徐々に露わになるが、ゆっくりとしか汲みつくされず、おそらくはけっして汲みつくされない。この《対象》を実際に与えられている現実的なるものとみなすことは、ひとつのイデオロギーであり、神話化作業である。この対象をとらえるためには、認識は、ある手続きに固着するのではなくて、相当な数の方法を取扱わなければならない。分析的切断は、物ではないこの《事物》の内的分節を、できるかぎり仔細に後づけるであろう。その後には、けっして完成されることのない再構築が来るであろう。記述、分析、綜合の試みは、けっして徹底的とも窮極的ともみなされることはできない。あらゆる観念、あらゆる概念の砲列が、行動に入るであろう。すなわち、形式、構造、機能、水準、次元、従属的および独立的な変数、相関関係、全体性、総体、体系などといった概念が……。ここでも、他のところでと同様に、しかし、他のところにおいてよりもよけいに、残余が最も貴重なものとして姿を現わす。構築された各々の《対象》は、こんどはまた批判的検討に付されるであろう。可能的なるもののかぎりにおいて、それは実現され、実験的検証に付されるであろう。都市の科学は、構成され、社会的実践を方向づけるために、ひとつの歴史的時代を要求するのである。

この科学は、必要なものだが、十分なものではない。その必要性と同時に、われわれはその限界を知覚する。都市計画的考察は、特定化され集中化されたきわめて独自的な諸々の社会的統一体（局地化された）の建設あるいは再構成を提案する。それらの統一体の結びつきや緊張は、構造がないわけではないけれども、柔軟な構造や階層関係を持つ複雑な内的秩序を備えたひとつの都市的統一体を再建するであろう。さらに明確にいうならば、社会学的考察は、実践的参加の諸条件と同様に、都市的なるものの統合能力の認識や再構成をもねらうのである。それは当然なのだ。ただ、ひとつの条件がある。すなわち、これらの細分化された、したがって部分的な試みを、けっして、批判、実践的検証、総体的関心からまぬがれさせないことである。

そんなわけで、認識は、諸々の《範型》を構築し、提案することができるのである。各々の《対象》は、この意味においては、都市現実の一範型にほかならない。しかしながら、そのような《現実》は、けっして、物のように操作しうるものにはならず、道具的なものにはならないであろう。この上なく作業的な認識にとってさえ、やはりそうなのである。都市が、ふたたび、かつてそうであったもの、すなわち複雑な思惟の現動態であり作品であるものになるということを、誰が願わないであろうか。けれども、このようにして、ひとは、願望や希求の水準に身を維持するのであって、都市戦略を定めはしないのだ。都市戦略は、一方では諸々の現存する戦略を、他方では諸々の既得の認識、すなわち都市の科学とか、成長の計画化や発展の統御へとむかう認識とかを、勘定に入れないわけにはいかない。《戦略》について語る者は、考慮に入れるべき諸々の《変数》――そのうちの若干のものは戦略的能力を持っており、他のものは戦術的水準にとどまっている――の階層関係について語り、また、この戦略を地所の上に実現することのできる力について語る。ただ、革命的な主導性の能力ある集団とか階級とか社会的階級の部分とかのみが、都市の諸問題にたいする解決を引受け、十分な成就にまで導くことができるのである。革新された都市は、これらの社会的および政治的な力の作品となるであろう。まず、現在の社会において支配的な戦略やイデオロギーを解体しなければならない。見解の相違（たとえば、国家的なものと私的なものとのあいだの）をもったいくつかの集団あるいはいくつかの戦略が存在するということは、状況を変えはしない。土地所有の諸問題から分離の諸問題まで、各々の都市改革の企図は、諸々の構造、すなわち現存する社会の諸構造、直接的（個人的）で日常的な諸関係の構造、そしてまた、都市現実の残滓にたいして強制的で制度的な方途によって押しつけようという主張が行なわれる諸構造を、疑問のなかに投ずる。都市革新の戦略は、それ自体としては改良主義的なものであるが、事物の力によってではなくて、既成の諸事物に反対して、《必然的に》革命的となる。都市の科学に基礎づけられた都市戦略は、行動的となるためには、社会的な支えや政治的な力を必要とする。都市戦略は、それ自体から行動しはしない。都市戦略は、本質的にその戦略に敵対しても進められるところの分離に終止符をうつ能力のある唯一のものである労働者階級の現存や行動に依拠しないわけにはいかない。ただ、この階級のみが、階級として、分離の戦略によって破壊され、《決定の中心》という脅威的な形においてふたたび見出された中心性の再構築に、決定的に貢献することができる。このことは、労働者階級がそれだけで都市社会をつくるであろうということではなくて、労働者階級なしには何事も可能ではないということを意味するのである。労働者階級なしの統合は意味を持たず、統合の仮面や郷愁のもとに、分解が続くであろう。そこには、たんにひとつの選択ではなくて、開いているかあるいは閉じている地平があるのである。労働者階級が沈黙するとき、それが行動しないとき、それが理論によって《歴史的使命》と規定されるものを遂行することができないとき、そのときには、《主体》も《対象》も欠如するのである。反映する思惟は、この不在を認可する。このことは、つぎのようなふたつの系列の提案を練り上げるべきであるということを意味する。

(a) 現在の社会の諸々の可能性の枠によって規定されず、諸現実の研究に基礎を置いているけれども、《現実主義》に支配されることはない改革(いいかえれば、このように構想される改革は改良主義へと限界づけられない)たる、都市改革の政治的綱領。したがって、この綱領は、独異な、そして逆説的でさえある性格を持つであろう。それは、諸々の政治的な力、すなわち諸政党に提案されるために、樹てられるであろう。さらに、それは、労働者階級を代表し、あるいは代表しようと欲する政治的構成体たる《左翼》諸政党に、優先的に従属せしめられるであろうということを、つけ加えることもできる。けれども、それは、これらの力や構成体の函数として樹てられはしないであろう。それらの力や構成体にたいして、それは、特殊的な性格、すなわち認識からくる性格を持つであろう。したがって、それは、科学的な部分を持つであろう。それは、提案される(それを引受けようと主張するであろう人々によって、そして彼等のために、改変されることは覚悟の上で)であろう。諸々の政治的な力は、おのれの責任をとってもらいたい。現代社会の未来や生産者たちの未来を拘束するこの領域においては、無知や失念は、自分が盾に取っている歴史を前にしての責任を惹起する。

(b) 現在において実現可能か否か、ユートピア的か否かという性格に配慮を用いることなしに、諸々の《範型》とか都市的な空間や時間の諸形態とかを理解する(すなわち明快に《ユートピア的》な)きわめて進んだ諸々の都市計画的企図。これらの範型が、たんなる現存する諸々の都市や都市型の研究とか、あるいは、たんなる諸要素の組合わせとかから結果しうるとは思われない。時間や空間の諸形態は、反対の経験があるならばともかく、創り出されて、実践へと提案されるものである。想像力が展開されるとしても、それは、逃亡や逃避を許し、イデオロギーを媒介する想像的なるものではなくて、我有化(時間の、空間の、心理的生活の、欲望の)のなかに授託される想像的なるものである。どうして、永遠の都市にかりそめの都市を、安定した中心に動く中心性を、対置しないのか。あらゆる大胆さは許されている。どうして、これらの提案を、たんなる空間や時間の形態学に限定するのか。提案が、生活様式とか、都市における生活の仕方とか、この平面上における都市的なるものの発展とかに関するということは斥けられてはいない。

ふたつの系列のなかに、短期や中期の提案と、本来の意味の都市戦略を構成する長期の提案とが入るであろう。

われわれが生きている社会は、充満にむかって、あるいは少なくとも充実(永続的な物体や財貨、量、満足、合理性）にむかって、進んでいるようにみえる。実は、この社会は、巨大な空虚をわが身に穿たれているのだ。この空虚のなかに、諸々のイデオロギーが動きまわり、修辞の靄が拡がっている。思弁や瞑想から、そしてまた断片的な切断や細分化された認識から脱出した活動的な思惟がみずからに提案しうる最も大きな企てのひとつは、この欠落を満たすこと、しかもたんに言語によってではなく満たすことである。

諸々のイデオロギーが構造についてさんざん議論している時代に、都市の非構造化が、解体（社会的、文化的）現象の深さを表わしている。この社会は、総体的にみれば、欠落的なものとして姿を現わす。諸々の下次＝体系と多様な手段（強制、威怖、イデオロギー的説得）によって固められた諸構造とのあいだに、穴があり、ときとしては深淵がある。これらの空虚は、偶然に由来するのではない。それらはまた、可能的なるものの場所でもある。それらは、可能的なるものの浮漂しあるいは散乱している諸要素を内包しているが、それらを寄せ集めることのできる力を持っていない。そればかりではない。諸々の構造化的行動や社会的空虚の権能は、そのような力の行動を、そしてそのたんなる現存をも禁ずる傾向を持っている。可能的なるものの切願は、根本的な変貌の途上においてしか成就されることができないのである。

このような状況において、イデオロギーは、《科学性》に絶対的な性格を与えようと主張している。実は、科学というものは、現実的なるものに向けられ、それを切断し、それをふたたび組立てるものであって、この事実によって、可能的なるものを斥け、道を閉ざすものなのだ。ところで、科学（すなわち細分化された諸科学）は、そのような状況においては、計画表的な射程をしか持っていない。それは、諸要素を、ひとつの計画表へともたらすのである。もしもこれらの諸要素が今からすでにひとつの全体性を構成していると認めるとすれば、そして、もしも計画表を文字通りに実施しようとするとすれば、それは、潜在的な対象を、技術的な対象として、すなわちすでにそこにあるものとして取扱っていることになる。ある企図を、批判も自己批判もなしに遂行しているのであり、そして、この企図は、あるイデオロギー、すなわち技術主義者たちのイデオロギーを、地所の上に投影しつつ、実現するのである。計画表的なるものは、必要なものではあるが、十分なものではない。実施の途上において、それは変化するのである。ただ、長い政治的経験の途上において、都市的なるもののなかに自分自身を授託する能力を持った社会的な力のみが、都市社会に関する計画表の実現を引受けることができるのだ。逆に、都市の科学は、この展望にたいして、理論的・批判的な基礎、実証的な土台をもたらす。弁証法的理性によって統御されたユートピアは、自称科学的な諸々の虚構、逸脱するかもしれない想像的なるものにたいして、安全柵の役割をはたす。他方、この基礎やこの土台は、考察がたんなる計画表的なるもののなかに没入するのを妨げる。弁証法的運動は、ここでは、科学と政治的な力とのあいだの関係として、対話として、《理論＝実践》および《肯定性＝批判的否定性》の関係を現実化するものとして、姿を現わす。

　科学と同様に必要ではあるが十分ではないものである芸術は、都市社会の実現にたいして、劇や享受としての人生についての長い思索をもたらす。その上、そして、とりわけ、芸術は、作品の意味を再建する。芸術は、我有化された、すなわち、蒙ったものではなく、諦めによって受入れたものではなく、作品へと変貌させられた時間や空間の多様な姿を与えるのである。音楽は時間の我有化を示し、絵画や彫刻は空間の我有化を示す。諸科学が諸々の部分的な決定論を露わにするとすれば、芸術は、どのようにして、諸々の部分的な決定論から出発して、ひとつの全体性が生まれるかを示す。都市社会を実現する能力を持った社会的な力には、芸術と技術と認識との統一（《綜合》）を実際的かつ効果的なものにする責任がかかっている。都市の科学と同様に、芸術や芸術史は、都市的なるものを告知する諸々のイメージを効果的なものにしようとするところの、都市的なるものについての思索のなかに入る。実現行動へとむかうこの思索は、そんなわけで、ユートピア的であり現実主義的であって、この対立を乗り越えているものとなろう。さらに、ユートピア主義の最大値が現実主義の最適条件に合致するであろうと主張することさえ可能である。

　現代の特徴的な矛盾のなかには、社会の諸現実と、そこに記入される諸々の文明事象とのあいだの矛盾（特別にはげしい）がある。一方に大殺戮があり、他方に、子供を救ったり臨終を延ばしたりすることを可能ならしめる成果（医学的その他の）がある。最終的な矛盾のひとつ、それもごく小さなものではない矛盾が、まさにここで明るみに出された。すなわち、社会の社会化と一般化された分離とのあいだの矛盾である。ほかにも多くの矛盾がある。たとえば、革命的というレッテルと止揚された生産主義的合理主義の諸範疇への固執とのあいだの矛盾である。大衆の圧力による諸々の社会的結果のただなかで、個人的なるものは死なず、自己を主張している。諸々の権利が生まれている。それらは、多かれ少なかれ行為が後につづく諸々の慣習や規則のなかに入る。そして、これらの具体的な《権利》が、どのようにして、諸々の年齢や性別（女性、子供、老人）の権利、諸々の身分（プロレタリア、農民）の権利、訓練や教育の権利、労働や文化や休息や健康や住居の権利などといった、民主主義の革命的発足の当時に、民主主義によって諸々の建物の正面に刻み込まれた人間や市民の抽象的権利を補完しにやってくるかということは、周知のとおりである。巨大な破壊、両次世界大戦、諸々の脅威、核の威怖などにもかかわらず、あるいは、それらを通じて……。労働者階級の圧力は、これらの権利が再生し、慣習のなかに入り、いまなおまことに不完全な諸法典のなかに記入されるために、必要（しかし十分ではない）であったし、いまも必要である。

かなり奇妙なことだが、自然への権利（田舎とか《純粋の自然》とかへの権利）が、何年か前から、余暇のおかげで、社会的実践のなかへ入っている。それは、都市の騒音や疲労や《収容所的》世界にたいする、いまや陳腐となった非難（都市が腐敗し、破砕しているときに）を通じて進行した。奇妙な進行とわれわれはいう。というのも、自然が交換価値のなかに入り、商品のなかに入っているからである。自然が、買われ、そして売られるのだ。商業化され、工業化され、制度的に組織された余暇は、ひとが取引きしたり売物にしたりするために係わり合うこの《自然性》を破壊する。《自然》、あるいは自然と称されるもの、自然から生き残るもの、これらは余暇のゲットー、享楽の切り離された場所、《創造性》の隠れ家となる。都会人たちは、たとえ都市性をもたらしはしないにせよ、彼等とともに都市的なるものを運搬する！　彼等によって植民地化されて、田舎は諸々の美質、すなわち農民生活の諸々の特性や魅力を失った。都市的なるものは、田舎を劫掠する。この都市化された田舎は、住民や居住地や居住することとの大きな悲惨の極端な場合である剝奪された田舎性に対置される。自然への権利とか田舎への権利とかは、みずから自己を破壊するのではなかろうか。

　この権利あるいは擬似＝権利にたいして、都市への権利は、訴えとして、要請として、告知される。驚くべき迂路——郷愁、観光、伝統的都市の中枢への回帰、現存する、あるいは新たに精錬される中心性の訴え——を通って、この権利はゆっくりと進行する。自然の要求、自然を享楽したいという欲望は、都市への権利からひとを外らせる。この最後の要求は、毀損されたまま刷新されていない都市、《本当に》存在する以前に疎外された都市生活を逃れようとする傾向として、間接的に発言される。自然への欲求や《権利》は、都市への権利に逆らうものだが、それを避けることには成功しない（このことは、破砕した都市の繁殖を前にして、広大な《自然的》空間を守るべきではないということを意味しはしない）。

都市への権利は、たんなる伝統的な諸都市への訪問あるいは回帰の権利として構想されることはできない。それは、変貌させられ、刷新された都市生活への権利としてしか定式化されることができない。出会いの場所であり、使用価値の優位性であり、諸々の財貨のなかの至高の財貨の位へと昇った時間の空間のなかへの刻み込みである《都市的なるもの》が、その形態学的土台、その実践的＝感覚的実現を見出しさえするならば、都市の織り目が田舎とか農民生活から生き残っているものを締めつけるとしても、たいしたことではない。このことは、科学や芸術の資源を用いての都市や都市社会の完全な理論を予想する。ただ労働者階級のみが、この実現の行為者、担い手、あるいは社会的な支えとなることができる。ここでもまた、一世紀前と同様に、この階級は、たんなるその存在によって、おのれにたいしてむけられる階級戦略を、否定し、否認するのである。新しい諸条件のなかにおいてではあるが、一世紀前と同様に、この階級は、社会全体の、そしてまずすべての居住する人々の利害（直接的なものや表面的なものを越える）を寄せ集める。オリンポスの人々や新しいブルジョア的貴族階級は（誰がそのことを知らないであろうか）、もはや居住していない。彼等は、御殿から御殿へ、あるいは城館から城館へと移る。彼等は、ヨットのなかから、船隊あるいは国に命令をする。彼等は、いたるところにいて、しかもどこにもいない。その結果として、彼等は、日常的なるもののなかに沈めこまれている人々を魅惑するのである。彼等は、日常性を超越する。彼等は、自然を所有し、ポリ公に文化を作らせておく。若者たちや青年層、学生や知識人、ホワイト・カラーあるいはブルー・カラーの勤労者軍、地方人たち、あらゆる種類の植民地化されたり半植民地化されたりした人々、十分に配列された日常性を蒙っているすべての人々などの条件の側で、長々と記述することは不可欠であろうか。ここで、居住者とか、郊外の住民たちとか、住宅地的ゲットーや、古い都市の腐敗している中心や、これらの都市の中心から遠くはずれた分胞に滞留している人々とかの馬鹿らしく悲劇性のない悲惨を展示することが必要であろうか。自分の住居から、近くあるいは遠くの駅へ、混んだ地下鉄へ、事務所あるいは工場へと走り、夕方ふたたびこの同じ道をたどり、翌日また始める力を回復するために自分の家に帰る者の日常生活を理解するためには、目を開きさえすれば足りる。この一般化した悲惨を描くことは、それを隠蔽したり、それをはぐらかし、それから逃れる手段となったりする諸々の《満足》を描くことなしには、成功しないであろう。

展望か前望か

「都市」をその社会的土台や理論的基礎として、「都市」を思惟する古典的哲学は、その当初から、理想的都市のイメージを定めることに努めている。プラトンの『クリティアス』は、都市に、世界あるいはむしろ宇宙の像、すなわち小宇宙を見ている。都市的な時間や空間は、哲学者が発見するような宇宙の形勢を地上に再生産する。

こんにち、《理想的》都市の表象や、その宇宙との関係を望むならば、このイメージを探しに行くべきところは、哲学者たちのところではなく、いわんや都市現実を諸々の部分や分域や関係や相関へと切断する分析的な見方のなかでもない。それをもたらすのは、科学物語の作家たちである。科学物語の小説のなかで、未来の都市現実の可能および不可能なすべての異種が、取扱われた。あるときは、古い都市的中核——アルケポリス——は、増殖して地球の上に拡がる都市の織り目によって覆われ、多かれ少なかれ厚くなり、多かれ少なかれ斑状に硬化あるいは癌化して、瀕死の状態にある。長い衰えの後に消滅へと委ねられるこれらの中核のなかには、落伍者や芸術家や知識人やギャングたちが生活し、あるいは糊口をしのいでいる。あるときは、巨大な都市が再構成され、以前の権力闘争を、より高い水準へと持ち上げる。極限においては、アシモフ〔アメリカのSF作家。一九二〇―一九九二〕の見事な作品たる『建設』のなかで、ひとつの巨大な都市が、トラントールという惑星全体を覆っている。その都市は、認識と力とのすべての手段を所有している。それは、それが支配している銀河系の規模における決定の中心である。巨大な有為転変を経て、トラントールは、宇宙を救い、宇宙をその終焉へと、すなわち、ついに統御された度はずれのなか、ついに我有化された宇宙空間や世界の時間のなかにおける喜びと幸福たる《諸々の終焉の支配》へと導く。これらふたつの極端のあいだに、科学物語の幻視家たちは、諸々の中間的なものを位置づけた。すなわち、強力なコンピュータによって管理される都市、不可欠な生産へと極度に専門化されて、諸々の惑星体系や諸々の銀河系などのあいだを移動する都市などである。

そんなに先まで探ること、地平線の地平線を探ることが必要であろうか。「理想都市」、「新アテネ」は、目の前に横顔を見せている。ニューヨークやパリ、そしてまたほかのいくつかの都市は、すでにそのイメージを提起している。決定の中心と消費の中心が、結びついている。それらの戦略的収斂に基礎づけられて、地所の上におけるそれらの結合は、途方もない中心性をつくり出す。この決定の中心は、すでに周知のとおり、上りおよび下りの情報のあらゆる通路、文化的および科学的な情報のあらゆる手段を内包している。決定の権能や消費の能力とともに、強制と説得とが収斂する。この中心は、新しい「主人」たちによって強力に占拠され、居住され、彼等によって保たれる。彼等は、かならずしもその全面的な所有権を持つことなしに、厳密な空間的計画表化の軸であるこの特権的な空間を所有している。とりわけ、彼等は、時間を所有する特権を持っている。彼等のまわりには、諸々の形式化された原理に応じて空間のなかに配分されて、もはや奴隷という名をも、農奴とか家来とかいう名をも、さらにプロレタリアという名をさえも持つことができない諸々の人間集団が存在する。いかなる名で彼等を呼ぶべきであろうか。彼等は、隷属化されて、「都市」の上に確固として坐っているあの「国家」の主人たちのために、多数の《サービス》を引受けている。これらの「主人」たちのために、彼等のまわりに、ナイト・クラブからオペラの華麗さにいたるまで、いくつかの遠隔操縦される「催し」をも含めて、文化的その他のあらゆる楽しみがある。これこそ、まさに、諸々の社会的な場所の所有者であって、それらの場所を享受し、隷属者の巨大な大衆を支配し、原理的には自由で、真実には、そしておそらく意志的には奉仕者で、合理的な方法にしたがって扱われ操作される少数の自由市民のいる「新アテネ」ではなかろうか。社会学者を先頭とする学者たちは、その点では古い哲学者たちとはまことに異なっているが、やはり、経験主義とか厳密性とか科学性とかを口実に、これらの「国家」や「秩序」や既成事実の奉仕者たちのなかに落ちるのではなかろうか。さらに、諸々の可能性を計算することさえできる。活動的な人口の一パーセントが、諸々の「指導者」とか、「長」とか、あれやこれやの「主宰者」とか、「エリート」とか、大作家や大芸術家とか、大「芸人」あるいは大報道家とかのなかに入るのである。すなわち、二十一世紀のフランスについていえば、五十万人たらずの新しい名士がいるわけである。自分たちの家族や従者をともない、各々が自分の《家》を持って……。「中心性」による「中心性」の支配は、諸々の二流の領域の所有や、自然とか海とか山とか古い都市（懸賞競技、旅行、ホテルなどによって彼等に留保されることができる）とかの享受を、なんら禁じはしない。つぎに、約四パーセントの《エグゼキュティヴ・マン》、すなわち管理者、技師、学者などがいる。選抜を経て、最も優れた連中は、「都市」の中枢へと入場を許可される。この選抜には、強制の必要はなく、おそらく、所得や社交界的儀礼で足りるのである。特権的な配下たる他の連中もまた、合理的な計画によって配分された諸々の領域を持っている。このような成功に到達する前に、国家資本主義は、それを入念に準備した。さまざまな都市ゲットーの設備を怠らず、国家資本主義は、学者や科学のために、厳格に競争的な分域を組織した。諸々の研究所や大学において、学者や知識人たちは、経済や政治の「主人」たちの最大の幸福のため、「オリンポスの人々」の栄光と喜びのために、よりよい使用にふさわしい熱心さをもって、純粋に競合的なやり方で、たがいに対決し合ったのである。しかも、これら二流のエリートたちは、科学都市とか大学《キャンパス》とか知識人のためのゲットーとかのなかの住宅へと指定されるのだ。大衆はどうかといえば、さまざまな強制によって圧迫されて、自然に、衛星都市、計画化された郊外、多かれ少なかれ《住宅地的》なゲットーなどのなかに居住する。大衆は、自分たちのために、入念に測定された空間をしか持たない。時間は、大衆の手を逃れる。大衆は、諸々の権力の集中の要請へと縛りつけられた（おそらく、それを知ることさえなく）日常生活をおくるのである。けれども、収容所的世界を問題にする必要はない。すべてこういったことは、合理性とか組織とか計画化とかの外被のもとに、自由のイデオロギーなしですますことがきわめて容易にできるのだ。人民の名にも、民衆の名にも、労働者階級の名にもふさわしくないこれらの大衆は、彼等の日常生活が遠隔支配されており、その日常生活の上には潜在的で一般化された威怖に貢献する恒常的な失業の脅威がのしかかっているという事実を除いては、《相対的に良い》生活をしている。

もしも誰かがこのユートピアを笑うとすれば、たしかに彼は間違っている。けれども、どのようにしてそのことを彼に証明すべきであろうか。彼の目が開くときには、遅すぎるであろう。彼は証拠を要求する。どのようにして、盲人に光を証明し、たとえ彼が総体の理論、《群》の理論、変動分析の奥義、あるいは言語学の明確な魅力を知っているとしても、近視眼者にどのようにして地平線を見せてやるべきであろうか。

中世以来、ヨーロッパ文明のなかで、各々の時代が、自分なりの可能的なるもののイメージとか、夢とか、天国的あるいは地獄的な想像界とかを持った。各々の時代、そしておそらくは各々の世代が、イデオロギーの本質的ではないまでも重要な部分である、最も良い世界あるいは新しい生活についての自分なりの表象を持った。この機能を遂行するために、きわめて豊かなものとして通っている十八世紀は、「善良な野蛮人」とか幸福な島とかいったいささか貧相なイメージをしか持たなかった。おそらく、十八世紀の若干の人たちは、この異国趣味に、より近いものではあるが、かなり美化されたイギリスの表象を結びつけたのである。彼等にくらべて、われわれ（この言葉は、ここでは、十分に確定されないひとつの群衆、すなわち、二十世紀後半の初頭のフランスで、パリやパリ以外に住み、考えている、一般には知識人である人々の、不定型で、寄せ集め難い集団を指す）は、豊かに準備されている。われわれは、未来を想像するために、さまざまな範型を持ち、収斂することのない多数の地平線や大通りを持っている。すなわち、ソ連、アメリカ合衆国、中国、ユーゴスラヴィア、キューバ、イスラエルなどである。スウェーデンやスイスも無視することはできないし、ボロロ族たちを忘れることもできない。

しかも、フランス社会が都市化し、パリが変貌し、「権力」そのものではないにしてもある種の権力が紀元二千年のフランスの原型づくりをしているときに、誰も理想の都市のこと、あるいは自分のまわりで現実の都市がどうなっているかということを考えていないのである。ユートピアは、多かれ少なかれ遠隔の、多かれ少なかれ知られたり知られなかったり見損われたりしているさまざまな現実に結びつく。それは、もはや、現実的な日常生活には結びつかない。それは、もはや、周囲の現実に残酷に穴を穿つ諸々の不存とか欠落とかのなかで生まれはしない。視線は外らされ、地平線を去り、雲のなかへ、ほかのところへとさまよう。もはやイデオロギーは信じられず、現実主義や合理主義が信じられるまさにその時において、諸々のイデオロギーがひとを外らせる力は、このようなものなのである！

部分的な学問の野心をも、学問間にまたがる試みをも拒否して、さきに、綜合は政治的なるものに属するということ（すなわち、都市現実に関する諸々の分析的所与のあらゆる綜合は、哲学あるいはイデオロギーの下に、ひとつの戦略を隠しているということ）が主張された。これは、決定をふたたび為政者たちの手に委ねるということになるのであろうか。もちろん、そうではない。精通者や専門家たちに委ねるのでもない。政治的という言葉は、このような局限された意味において用いられたのではないのだ。このような提案は、いま述べられたような意味とは反対の意味において理解されなければならない。綜合の能力は、実際は社会的な力（階級、階級の部分、諸階級の結集あるいは結合）である政治的な力に属しているのである。それらの力は、存在することもあり、存在しないこともあり、自己を表示し表現することもあり、しないこともある。また、言葉を発することもあれば、発しないこともある。おのれの社会的欲求を指示し、現存する諸制度を折り曲げ、地平線を開き、おのれの作品となるであろう未来を要求する責任は、それらの力にかかっている。たとえ、さまざまな範疇や《層》の住民たちが、操縦され、操作され、《社会的移動性》という口実のもとにあちらこちらへと移動させられるがままになっているとしても、たとえ彼等が、以前よりもさらに洗練され、さらに拡大された搾取の諸条件を受け入れているとしても、彼等にとっては仕方がない。もしも労働者階級が沈黙し、自然発生的にであれ、その代表者や代理人たちの考えによってであれ、行動しないならば、分離は悪循環となる諸々の結果をともなって続くであろう（分離は、抗議し、異議申し立てし、行動することができるであろう人々を分散させることによって、抗議や異議申し立てや行動を禁止する方向にむかうのである）。このような展望のなかで、政治的生活は、政治的決定の中心に異議を申し立て、あるいはそれを強化するであろう。この選択は、諸々の政党や人間たちに関しては、民主主義の基準となるであろう。

　おのれの進路を定めるのを助けるために、政治的人間は、理論を必要とする。ひとは、大きな難題のまわりをまわっているように思われる。綜合なくして、どのようにして都市社会の理論、都市や都市的なるものの理論、現実や可能的なるものの理論が存在しうるのであろうか。

　哲学的体系化と、細分化された分析（ある《学問》あるいはいわゆる《学問間的》研究の外被のもとにおける）から出発する体系化というふたつの教条主義的な仮説が斥けられた。ひとつの途、すなわち、まさに戸口を通る途が開かれている。認識の枠のなかで完成された綜合は、問題になりえない。横顔を見せている統一は、ただ、ひとつの実践のみが実現することのできる、つぎのようなものの収斂である。

(a) 可能的なるものから不可能的なるものへ、すなわち、《いまここに》可能なものから、今日では不可能であるけれども明日にはこの行動そのものの途上において可能となるであろうものへと、政治的行動の時間のなかで段階的に並べられている諸々の目標。

(b) 都市現実の分析学によって、そしてまた、政治的行動の途上において登場させられ、この行動によって秩序づけられ、利用され、支配された諸々の認識の総体によってもたらされる諸々の理論的要素。

(c) 哲学が新たな光のなかにおいて現われ、その歴史が別の展望のなかに刻み込まれ、哲学的思索が現実あるいはむしろ遂行すべき現実化に応じて変貌するという事態のなかで、哲学によってもたらされる諸々の理論的要素。

(d) 現実を変貌させ、《体験》とか時間とか空間とか身体とか欲望とかの所与を、より高い水準において我有化する能力として考えられる芸術によってもたらされる諸々の理論的要素。

この収斂について、前提となる諸条件を規定づけることができる。もはや工業化と都市化とを切り離して考えるのではなく、都市化のなかに工業化の意味や目標や目的を見て取ることが肝要である。いいかえれば、もはや、資本主義的な過剰利潤や過剰搾取とか、国家の利益における経済の統御（しかも、ただこのことによっても失敗する）とかいう戦略的意図を隠蔽している《経済主義的》イデオロギーたる経済成長のための経済成長をねらわないことが肝要である。経済的均衡とか、調和的成長や諸構造の維持（構造化され＝構造化する関係は、現存する生産や所有の関係であるから）とかいう概念は、発展とか、諸々の葛藤から出現する具体的な合理性とかいう潜在的により強力な概念へと従属させられなければならない。

いいかえれば、問題は、成長を方向づけることなのである。世に拡まっていて、民主主義的なものとして通用している定式（万人の福祉のための、あるいは《一般的利益における》成長）は、意味を失う。経済主義的イデオロギーとしての自由主義も、集中化された国家的計画化と同様に、意味を失うのである。前望的と名づけられているにせよいないにせよ、そのようなイデオロギーは、展望を、多かれ少なかれ修正され訂正された《資本＝労働》の提携へと帰着させるのでなければ、賃金の増額とか国民所得のよりよい配分とかへと帰着させる。

成長を、発展へとむかって、したがって、都市社会へとむかって方向づけるということは、まず、そのような欲求がそれらの出現の途上において姿を現わし、前望の途上において開示されるということを知りつつ、諸々の新しい欲求を前望するということを意味する。

それらは、対象としてあらかじめ存在しているのではない。それらは、市場とか動機（個人的）とかの研究が記述する《現実的なるもの》のなかに現われてはいない。このことは、したがって、その理論がほとんど練り上げられてはいないところの社会的計画化を、経済的計画化にとってかわらせるということを意味する。諸々の社会的欲求は、あるなんらかの物体ではなくて、空間と時間のなかにある社会的対象物である諸々の新しい《財貨》の生産へと導く。都市社会の人間は、すでに、欲求において豊かな人間、すなわち、客観化や現実化を待つ豊かな欲求の人間である。都市社会は、孤立した主観性の悲惨をも、遅まきの象徴をともなう貨幣へのあわれな欲求をも、すなわち、《純粋の》視線をも、《純粋の》記号をも、《純粋の》見世物をもふくめて、古い貧しさをも新しい貧しさをも止揚する。

したがって、方向づけは、実際的な綜合として規定されるのではなくて、横顔を見せてはいるけれども、極限においてしか実現されない潜在性たる収斂として規定される。この極限は、無限のところに位置しているのではない。しかしながら、ひとは継起的な前進と跳躍によって、そこに到達するのである。そこに身を落着けることや、それを完成された現実として組立てることは不可能である。すでに取扱われ、《転繹《トランスデュクシオン》》と名づけられた手続き、すなわち諸々の実験的所与から出発して接近されるひとつの潜在的対象の構築の本質的な特徴は、このようなものである。地平線が、現実化を照明し、それをうながすのだ。

方向づけは、所与の研究に反作用する。このようにして構想される研究は、不確定な研究（経験主義）あるいはたんなる命題の検証（教条主義）であることをやめる。とくに、哲学およびその歴史、芸術およびその変遷は、この光のなかで変貌して現われる。

都市現実の分析学はどうかといえば、それは、研究が出発点においてすでに《何物か》を見出し、方向づけが仮説に影響を及ぼすという事実によって改変される。空間や時間の諸々の点を孤立化させ、諸々の活動や機能を切り離して考察し、諸々の行動あるいはイメージ、配分、関係などを別々に研究することは、もはや問題にならない。社会的生産、都市や都市社会の生産は、説明的および予見的な展望との関係において位置づけられる。いまや方法は、記述（生態学的）と分析（機能的、構造的）とをともに止揚して、しかもそれらを廃絶することなく、形式の一般理論から由来する諸々の形式的指示を、具体的なるものの——都市の劇の——把握へとむけることにある。この理論によれば、ひとつの都市の形式が存在する。すなわち、集合、同時性、出会いである。これらの作業に結びつき、それらを規範化し、あるいはそれらを方法論的に支える知的手続きは、転繹と名づけられた。

科学的に語るならば、戦略的変数と戦術的変数とのあいだの区別が本質的であるように思われる。前者は、それがはっきりと区別されるやいなや、後者をみずからに従属させる。

賃金の増額？　国民所得のよりよい配分？　あれこれのものの国有化？　けっこうだ。しかし、これらは戦術的変数である。都市社会の未来に関して、建築地所に及ぶ地役権の廃止、その公有化、国有化、社会化が戦術的変数であるのと同様に……。けっこうだ。賛成だ。しかし、いかなる目標においてなのか。成長の率や速度の増加は、戦略的変数のなかに入る。なぜなら、量的増大が、すでに質的な問題、すなわち目的や発展の問題を提起するからである。ことはたんに生産や所得の成長率に関しているのではなくて、配分に関している。増大した生産や総体的な所得のいかなる分け前が、社会的欲求に、《文化》に、都市現実に与えられるのか。ひとは、それを考えることができる。一例をとるためには、時間表（一日の、一年の）を広げてみることは無益ではない。これは小さな戦術的行動にほかならない。子供や青年たちの生活に関する新しい組織（託児所、遊戯場、運動場など）の創設、社会生活そのものについても、性生活や生活法や芸術についても情報を与えてくれるようなごく簡単な社会教育機関の建設、このような制度は、はるかに多くの射程を持つであろう。それは、この領域における戦術的なるものから戦略的なるものへの移行を刻するであろう。

そんなわけで、経済主義者たちによって練り上げられた企図の諸々の異種は、一般には十分に解明されていない諸々の戦略に依拠しているのである。しばしばきわめて強力な科学的道具を用い、科学を（いや科学性を、すなわち厳密性と束縛とのイデオロギー的道具を）説得し強制するための手段として悪用する傾向を持つ階級戦略にたいして、認識を、その足の上に置きなおしつつ、向け返すことが問題なのだ。

社会主義？　もちろん、それが問題なのである。けれども、いかなる社会主義であろうか。社会主義社会についての、いかなる概念、いかなる理論によるものなのか。この社会を、生産の計画化された組織として規定づけることで十分であろうか。否である。社会主義はこんにち、諸々の社会的欲求へ、したがって都市社会の諸欲求へと方向づけられた生産としてしか構想されることはできない。たんなる工業化から借用された諸目標は、止揚と変貌の途上にある。このようなことが、ここで定式化されている命題あるいは戦略的仮説なのである。条件、前提は？　それらは周知のとおりである。すなわち、生産や生産性の高い水準（高度に生産的な肉体的および知的労働者からなる相対的に減少する少数者にたいする強化される搾取と手を切って）——技術的、文化的な高い水準である。それに、とりわけ統治者と被統治者、決定の《主体》と《客体》のあいだの新たな諸関係の制度である。これらの条件は、工業化された大きな国々においては、潜在的に実現されている。それらの条件の定式化は、たとえ可能的なるものが現実的なるものから遠いように見え、実際に遠くにあるにしても、可能的なるものから出はしない。

諸々の可能性は、科学的（企図《プロジェ》および投影《プロジェクシオン》、企図の諸々の異種、諸々の予見）と想像的（極限においては、科学物語）という二重の検討の管轄に属する。どうして想像的なるものは、現実を豊饒化するのではなくて、たんに現実的なるものの外へと導くことになるのであろうか。想像的なるもののなかへの、想像的なるものによる思惟の迷い込みがあるときには、それは、この想像的なるものが操作されているからなのである。想像的なるものもまた、ひとつの社会的な事象である。専門家たちは、《体系人間》に喝采を送るとき、《関連主義者》あるいは《一般主義者》を受け入れる気になるときは、想像力や想像的なるものの介入を要求しはしないであろうか。

　工業は、二世紀のあいだに、商品（工業以前に存在はしたが、農地構造と都市構造とによって同時に限定されていた）の大きな追加賭金を完成した。工業は、交換価値の潜在的に無限の拡張を許した。工業は、商品のなかにおいて、たんに人々を関係のなかに置くひとつのやり方を示したばかりではなく、ひとつの論理、ひとつの言語、ひとつの世界をも示したのである。商品は、障壁を取り去った（しかも、この過程は終っていない。商品の世界における現在の先行物体である自動車は、都市というこの最後の障壁を取り去ろうとしている）。したがって、経済学の時代、自由主義的経済主義と計画化的経済主義というふたつの異種をともなった経済学の支配の時代があったわけである。こんにち、経済主義の止揚が粗描されている。何にむかってであろうか。ひとつの倫理あるいは美学、ひとつの道徳主義あるいは審美主義にむかってであろうか。新しい《価値》にむかってであろうか。そうではない。ことは、実践による、実践のなかでの止揚、すなわち社会的実践の変化に関している。何世紀ものあいだ交換価値に従属させられてきた使用価値が、先頭を取り戻すことができるのだ。どのようにしてであろうか。都市社会によって、都市社会のなかにおいてであり、なおも抵抗し、われわれにとって使用価値のイメージを保存しているこの都市という現実から出発してである。都市現実が《利用者》たちのためにあるのであって、投機家とか資本主義的興業家とか技術家たちの計画とかのためにあるのではないということは、この真実の正当ではあるが弱められた解釈の仕方である。

ここで、ひとは、ひとつの真に戦略的なことを取扱うことができる。すなわち、一国の経済における自動車工業の重要性や、日常生活とか交通とか運搬手段とかにおける《自動車》という物体の地位を制限するということである。自動車にかえるに、他の技術、他の物体、他の運搬手段（たとえば公共の）をもってするということである。これは、いささか単純で陳腐ではあるが、《現実的なるもの》の戦略への従属を明らかに示すひとつの例である。

余暇の問題は、さらにより明瞭に戦略を考えることを強いる。この問題を、その全体の広さにおいて提起するためには、まず、イデオロギーの混じったいくつかの幻覚を破壊しなければならない。整頓された（イデオロギーによって、広告によって）社会的な想像的なるものは、《道楽仕事》や細工物化された《創造性》と同様に、地平を閉塞している。休暇中の出発も、工業化された文化的生産も——日常生活における余暇も、日常性の外の余暇も――問題を解決しはしない。それらのイメージは、問題を提起することを妨げる。問題は、《日常性＝余暇》あるいは《日常生活＝祭り》といった分裂と縁を切ることなのだ。日常生活を変貌させることによって、祭りを再建することなのだ。都市は、生産的労働と作品と祭りとによって同時に占められている空間であった。変身を遂げた都市社会のなかで、都市が、この諸々の機能を越えた機能をふたたび見出すことが望ましい。戦略的目標のひとつ（しかし、たんに、こんにち、お祭り騒ぎや音楽祭が「祭り」を拙劣に再創造しようとしている都市のなかで、優雅さも壮麗さもなしに起っていることの定式化からなっているにすぎない）は、このように定式化される。

社会の各々の大きな型、いいかえれば各々の生産様式は、自分なりの都市の型を持っていた。生産様式の非連続性（相対的な）は、都市現実の歴史を区分している。ただし、この区分はなんら専一的なものではなく、別の時代区分も可能である。とくに、都市の型の継起をより仔細に示していて、最初の時代区分と完全に合致しはしない時代区分が可能である。ところで、各々の都市の型は、特殊的な中心性を提案し、実現した。

アジア的生産様式の理由であり結果である東洋の都市は、集合や出会いにたいして、その凱旋道路を提出する。この道路を通って、都市の管理下にある農地的領土を守護し抑圧する軍隊が、出て行ったり帰って来たりするのである。凱旋道路の上に、軍隊の行進や宗教的行列がくりひろげられる。出発と到着の点であり、王侯の宮殿（臍、中央突起）のなかにある世界の中心である。聖域は、領土の総体の上に散らばっている聖性を捕えて凝縮する。それは、不可分の所有と聖化である君主の卓越した権利を表わしている。凱旋道路は、記念建造物のなかの記念建造物たる「門」によって、聖域のなかへと入り込む。世界の中心は集合にたいして開かれないのであるから、「門」こそ真の都市の中心である。「門」のまわりには、番兵や隊商の駱駝御者や浮浪者や盗賊などが集まる。そこに、都市の法廷が置かれ、住民たちが自然発生的な討議のために顔を合わせる。それは、都市の秩序と無秩序、反抗と弾圧の場所である。

ギリシャやローマの古代都市においては、中心性は、アゴラとかフォーラムといった空虚な空間に結びついている。それは、広場であり、集会のために準備された場所である。アゴラとフォーラムとのあいだには、重大な相違がある。すなわち、諸々の禁止が後者を特徴づけているのである。さまざまな建物が、そこから開放された場所の性格を奪って、早急にそこを蔽う。それは、世界の中心、すなわち、魂がそこから出る場所であり、罪人や余分の子供を投げ込む場所である神聖な＝呪われた穴（《世界《ムンドウス》》）から離れない。ギリシャ人たちは、恐怖とか、都市の中心性と死者や霊たちの地下的な世界との結びつきとかに重きを置かなかった。彼等の思惟は、彼等の都会と同様に、闇の通路や廊下であり地下の彷徨である「世界」によりは、むしろ空間のなかへの諸々の場所の輝かしい分配である「宇宙」に結びつくのである。ギリシャ的であるよりは、よりローマ化されている西欧には、この暗闇の重みがのしかかっている。

中世の都市はどうかといえば、それは、商人や商品を早急に統合した。その都市は、やがてそれらを自分の中心に据える。すなわち、一方においては教会から近いこと、他方においては囲いによる地域の締出し（異域）によって特徴づけられる商業的中心である市場の広場に据えるのである。この囲いの象徴するものや機能は、東洋的あるいは古代的な都市の分析によって到達されるものとは異なっている。土地は、領主や農民や浮浪者や掠奪者たちに属している。都市の中心は、諸々の生産物や人々を受け入れる。その中心は、資本主義（すなわち、そのなかでは経済的なるものとか交換価値とかが優位を占める生産様式）を予告し準備しつつ経済的なものとなるところの、その本質的な機能を脅かす連中にたいして、近寄ることを禁止するのである。しかしながら、このようにして機能化され構造化された中心は、依然として、あらゆる心遣いの対象である。ひとは、それを飾り立てる。ごく小さな小部落、ごく小さな《城砦町》でも、アーケードや、記念建造物的な市場や、できるかぎり豪華な公共建築物や、歓楽地などを持っている。教会は仕事を祝福し、忙しく働く町の人たちに良心を与える。教会と市場とのあいだの広場では、宗教的および合理的（商業的合理性の限界内での）という二重の性格を帯びたさまざまな集会が行なわれる。これらふたつの性格は、どのようにして、たがいに衝突し合い、結合あるいは葛藤のなかへ入りつつ、たがいに結びつくのであろうか。それは、また別の物語である。

資本主義的都市は、消費の中心をつくり出した。工業生産は、そのまわりに労働者の都会が建設される重要な企業という特権的な——もしもそういえるなら——場合を除いては、それ自身の中心を構成しなかった。消費の場所であり場所の消費であるという資本主義的中心の二重の性格は、すでに周知のところである。稀少な商業、贅沢な生産物や品物を引き寄せるところの中心には、さまざまな商業が凝集する。このような中心は、好んで、古い中核、先行する歴史の途上において我有化された空間に、居を定める。この中心は、歴史なしにすますこともできるのである。これらの特権的な場所に、消費者はまた空間を消費しにやってくる。店舗やショー・ウィンドーや陳列棚のいろいろな品物は、人々の集合のための理由や口実となる。彼等は、見たり眺めたり話したり話し合ったりするのである。そして、それは、物の集合から発する出会いの土地である。語られたり書かれたりするのは、まずなによりも、商品の世界、商品の言語、交換価値の栄光と拡張である。それは、使用価値を交換や交換価値のなかに吸収する方向にむかう。ところが、使用や使用価値は、執拗に、すなわち不屈に、抵抗する。都市の中心のこの不屈さは、議論のなかで本質的役割を演じている。

新資本主義はどうかといえば、それは、消費の中心（この資本主義によって否認されも破壊されもしない）に、決定の中心を重ね合わせる。それは、もはや人々をも物をも寄せ集めるのではなくて、情報とか知識とかを寄せ集めるのである。それは、これらのものを、同時性のすぐれて精錬された形のなかに、すなわち、伝達の準＝瞬間性を利用し、諸々の障害（情報の喪失、要素の無駄な蓄積、贅言など）を乗り越えて、電子頭脳のなかに刻み込まれた総体の概念のなかに、記入するのだ。利害関係をはなれた目的のためにであろうか。もちろん、そうではない。特殊的な中心を構成する連中は、権力をねらっているのであり、あるいは権力の道具になっているのである。いまや、問題は政治的に提起される。もはや、ことはたんに一般的に《技術を統御する》ことに関しているのではなくて、社会＝政治的な伴立をともなう十分に確定された諸技術を統御することに関しているのだ。ことは、潜在的な主人たち、すなわちあらゆる可能性を手中におさめるような力を持った連中を統御することに関しているのだ。

ふたたび取り上げられて、新しい諸々の結論へと押し進められたこのような議論が、どうして必要なのか。別の中心を提案し、正当化するためである。その可能性がここに提示される都市社会は、たとえ過去のさまざまな中心を破壊しはせず、それらを利用し、それらを改変しつつ自分に同化させるのであるとしても、これら過去の中心に満足することはできない。なにを企てるべきであろうか。文化的中心というものには、なにか胡散くさいところがある。それは、容易に組織され、制度化され、つづいて官僚主義化される。馬鹿馬鹿しさにおいて、文化の官僚主義に匹敵するものはない。教育に関するものは、ひとを惹きつけるが、魅力はなく、ほとんど魅惑しない。教育には、局地化された実践ということが含まれているのであって、社会的中心は含まれていない。それに、《ひとつの》文化、あるいは文化《というもの》が存在するとは、誰も証明していない。この《文化》という実在、《文化主義》というそのイデオロギーに支配されて、遊びのなかの最大のものである「演劇」は、退屈さによって脅かされた状態にある。上位の統一体の諸要素、《文化》の諸断片や諸様相、教育に関するもの、形成に関するもの、情報に関するものは、集合することができる。集合の原理とかその内容とかは、どこから引き出すべきであろうか。遊戯的なるものからである。この言葉は、ここでは、その最も広い受け取り方、最も《深い》意味において取り上げられなければならない。スポーツは、遊戯的であり、演劇もまた、映画よりもより活動的でより参加的なやり方で遊戯的である。子供たちの遊びは軽蔑すべきものではないし、青年たちの遊びも同様である。あらゆる種類の集団的な遊びである縁日は、管理される消費の社会の諸々の間隙のなか、構造化された体系的なものたらんとし、技術家的であると主張する真面目くさった社会の諸々の穴のなかに、生き残っている。諸々の古い集合の場所はどうかといえば、それらは大部分、意味を失った。その意味とは祭りであって、それは、死滅し、あるいは遠ざかって行きつつあるのだ。それらの場所がふたたび意味を見出すということは、遊戯的な創案に本質的に結びつく新しい祭りに適合した場所の創造を禁止しはしない。

消費社会と呼ばれる社会が、このような方向を粗描するということには、いかなる疑いもない。諸々の余暇の中心、《余暇の会》、贅沢や歓楽の都市、休暇の場所などが、それを雄弁に（広告のなかに読み取れる特別の修辞をもって）示している。したがって、問題はただ、この社会における文化や余暇の工業的および商業的な生産にいまなお支配されているこのような傾向に、形式を与えることである。文化性とか科学性とかいう《真面目なもの》に遊びを従属させるかわりに、遊びに従属させることによって集合させること。提案や企図はこのように規定される。この集合は、なんら《文化的》な諸要素を排除しはしない。その反対である。この集合は、それらの要素を、それらの真実のなかに構成しなおすことによって、それらを結合するのである。社会のなかで、遊びがその場所や価値を失うとともに、演劇が《文化的》となるのは、ずっと後になってから、諸々の制度を通してこなのだ。「文化」とは、作品とか様式とかの、交換価値への適応ではあるまいか。このことが、この特殊な生産物の生産や消費とともに、「文化」の商業化を許すのである。

遊戯的中心には、つぎのようないくつかの意味が含まれている。すなわち、芸術や哲学がもたらしたところの作品の意味を再建すること——時間は空間のなかへ刻み込まれ書き込まれにやってくるということを考えないわけではないが、空間にたいする優位性を時間に与えること——我有化を支配より上に置くこと。

遊戯的空間は、交換や交通の空間とか政治的空間とか文化的空間とかと共存したし、いまも共存している。ただ計数や会計のみによって規制される量化された《社会空間》のただなかにおいて、これら異なった質的な空間を破滅させる諸々の企図は、厳密性とか科学性とか合理性とかの外被のもとに隠蔽されている精神分裂症をあらわす。そのような企図に、慎重さを欠いて総体的たらんと欲する分析的思惟の不可避的な帰結があるということは、さきに示された。このようにしてふたたび見出される総体性は、社会病理学の形式化された空間である。居住地という概念から、社会的範型として企てられる精神分裂症的空間までは、連続的な行程が存在するのだ。ここでめざされている方向は、すでに構成され制度化されている歴史的相違、すなわち諸々の質的な空間を廃絶することにあるのではない。その反対である。すでに複雑なこれらの空間は、相違や対照を強調することとか、諸々の量を含み、それらを重層的決定するところの質へとむかって押すこととかによって、たがいに連節されるのだ。これらの空間には、相違と連節とか対照のなかにおける重ね合わせとかの形式化された原理を適用することができる。このように構想された社会的空間は、前面に現われる社会的な時間やリズムに結びつく。こうして、都市現実のなかにおいて、諸々の出来事が、どのようにして、どの程度まで、進路に区切りをつけながら、ある持続のなかへと割り当てられるかということが、よりよく理解される。都市的時間のこの真実は、その役割を、明瞭に、ふたたび手に入れるのである。居住することが、ふたたび居住地よりも上におのれの席を見出す。格上げされた質は、遊戯的なものとして表象され、現われる。言葉の遊びをしつつ、ひとは、遊びというものが、使用と交換とを寄せ集めつつ止揚する、真面目くさったものではないにしてもすぐれて深刻な至高の価値として自分を宣言するかぎりにおいて、社会的総体の諸部分のあいだに遊び
があるーー可塑性ーーことになるだろうということができる。そして、もしも誰かが、このようなユートピアは社会主義となんの共通点も持たないと叫ぶならば、ひとは彼にたいして、こんにち、ただ労働者階級のみが、さまざまの計画表、すなわち経済主義とか政治的哲学とかの計画表の要求の手前およびその彼方において、なお真に遊ぶことを知っており、遊ぶことを望んでいると答えるであろう。何がそれを示しているであろうか。スポーツ、スポーツによって惹起される関心、テレビその他における遊戯的生活の下落形態を含むさまざまな遊びなどである。いまやすでに、都市の中心は、都市の人々に、動きや、思いがけないものや、可能的なるものや、出会いをもたらしているのだ。それは、《自然発生的な劇場》である。さもなければ、それは何物でもない。

未来の都市は、ひとがその輪郭を粗描することに成功するかぎりにおいて、現在の状況の転倒を想像し、この裏返しの世界の逆イメージを限界まで押し進めることによって、かなりよく規定づけられるであろう。現在、固定的な構造、《均衡構造》と称される永続性、体系化に支配され、したがって現存する権力に支配される安定性などを樹立することが試みられている。同時に、ひとは、戦術的に、皮肉にも《耐久的》と称される消費財、すなわち衣料（流行の精神的な磨耗が消滅させる）とか日常用品（家具）とか自動車などの、

速められた老化（廃用）や急速な消滅に、賭けている。理想の都市は、空間の廃用、すなわち、住所や敷地や準備された空間の速められた変更を、含むことになるであろう。それは、彼等自身移動性で、この作品のために、この作品によって動員される住民たちの不断の作品である束の間の都市となるであろう。そこでは、時間が自分の地位、それも第一等の地位を取りもどす。技術が、遊戯的なるものの絶頂であり、最高に贅沢な作品である束の間の都市を可能にするということには、いかなる疑いもない。何がそれを示しているのか。たとえば、最近の万国博覧会、すなわちモントリオールの万国博覧会である。ほかにも例はたくさんあるのだ！

　芸術を都市的なるものに役立てるということは、なんら都市空間を芸術品で飾り立てるということを意味しはしない。可能的なるもののこのようなパロディーは、みずからを戯画的なものとして告発する。このことは、諸々の時間＝空間が芸術作品となり、過去の芸術が空間や時間の我有化の源泉や範型として考えなおされるということを意味するのである。芸術は、我有化された《地点《トピック》》の、すなわち空間のなかへ刻み込まれた時間的な質の、諸々の事例や実例をもたらす。音楽は、表現がどのようにして数を捕え、順序や尺度がどのようにして抒情性を伝えるかを示す。音楽は、悲劇的なあるいは楽しい時間が、計算を飲み込み、吸収することができるということを示す。音楽よりも力においては劣るが精密さにおいては勝る彫刻や絵画も、同様である。庭園や公園や風景が、美術と同様に都市生活の一部をなしたということを忘れないようにしよう。そして、諸々の都市のまわりの景色も、これらの都市の作品であったということを忘れないようにしよう。なかでも、フィレンツェのまわりのトスカナの景色のごときは、そうであった。その景色は、建築と切り離すことができず、古典芸術のなかで大きな役割を演じているのである。再現や飾りや装飾を去ることによって、芸術は、社会的な規模における実践（プラクシス）や制作（ポエーシス）となることができる。すなわち、芸術作品としての都市のなかにおいて生きる術となることができるのである。様式へ、作品へ、すなわち、記念建造物とか「祭り」のなかで我有化される空間とかの意味へと戻ることによって、芸術は、《魅惑の構造》を準備することができる。切り離してとりあげられた建築は、諸々の可能性を限定することもできず、自分だけでそれらの可能性を開くこともできないであろう。そこには、それ以上のもの、もっと良いもの、ほかのものが必要なのだ。芸術や技術としての建築は、やはり方向づけを必要としているのである。建築は、必要なものではあるが、自足することはできないであろうし、建築家も、自分の目的を決め、戦略を定めることはできないであろう。いいかえれば、芸術の未来は芸術的ではなく、都市的なのだ。なぜなら、《人間》の未来は、宇宙のなかとか民衆のなかとか生産のなかとかに姿を現わすのではなくて、都市社会のなかに姿を現わすのだからである。芸術と同様に、哲学もまたこのような展望に応じて考えなおされることができるし、考えなおされなければならない。都市的なるものの問題性は、哲学の問題性、その範疇や方法を更新する。それらを破壊したり排去したりする必要はないが、これらの範疇は、別の新しい何物か、すなわちある別の意味を受け取るのである。

都市への権利は、自由への権利、社会化のなかにおける個人化への権利、居住地とか居住することとかへの権利などといった諸々の権利のなかの上位の形態としてあらわれる。作品へ（参加する活動へ）の権利や我有化への権利（所有への権利とははっきりと区別される）は、都市への権利のなかにふくまれる。

哲学に関しては、三つの時代が識別される。そして、これは、生成の連続体を画する諸々の時代区分のなかのひとつの特定の時代区分なのである。第一の時代においては、哲学は、「都市」について、宇宙とか世界とかいう全体性のただなかにある全体（部分的なとして、思索する。第二の時代においては、哲学は、都市を超越する全体性、すなわち歴史とか《人間》とか社会とか国家とかを考察する。哲学は、「全体性」の名において、いくつかの分裂を受け入れ、さらに認可しさえする。哲学は、分析的把握を反駁し克服していると思い込みながら、それを聖化するのである。第三の時代においては、哲学は、都市的合理性や都市計画的実践へと変貌するところの合理性や実践の格上げに協力する。

哲学の実現

この研究の諸々の結論へと導いた主導線を、その連続性において示しつつ、もう一度たどってみよう。認識は、維持し難い状況にある。哲学は、全体的なるものに到達しようと欲しながら、しかもその傍を通過していた。哲学は、全体的なるものを捉えることに成功せず、いわんや、それを実現することには成功しなかったのである。哲学は、全体性の体系化された思弁的・瞑想的な表象をしか与えないことによって、それなりのやり方で全体性を切断していた。しかも、それにもかかわらず、ただ哲学のみが、全体的なるものの意味を持っていたし、いまなお持っている。部分的な細分化された知識は、諸々の確実性や現実に到達しようと主張する。それらの知識は、断片をしか与えない。それらは、綜合なしにすますことができないのだが、それらの綜合への権利を正当化することができない。

ギリシャ哲学は、その当初から、偉大さや悲惨さを持ち、諸々の限界、すなわち奴隷制度とか「都市国家」への個人の従属とかを持ったギリシャの都市に結びついていた。二千年後に、ヘーゲルは、これだけの世紀にわたる考察や思索によって取り出された哲学的合理性の実現、ただし、「国家」のなかにおいての「国家」による実現を予告した。このような袋小路から、どのようにして脱け出すべきであろうか。これらの矛盾を、どのようにして解決すべきであろうか。

工業生産は、行動し、新しいものを創造し、物質的自然を統御する社会的能力に関する諸観念を転覆した。哲学は、その伝統的使命を維持することができず、哲学者は、人間とか人間的なるものとか社会とか世界とかを規定づけ、同時に自分の努力とか仕事とか意志とか決定論や偶然にたいする闘争とかによる人間の創造を引き受けるという天職を維持することができなかった。科学や諸科学、技術、工業の組織化や合理化などが登場した。二千年の哲学は、墓場へとむかいつつあったのであろうか。そうではない。工業は、諸々の新しい手段をもたらす。工業は、それ自身のなかにその目的や意味を持っていない。工業は、諸々の生産物を世界のなかに投げ出す。すぐれた作品である（芸術や芸術作品とともに）哲学は、我有化とは何であるかを語るのであって、諸々の生産物や交換価値の産出者たる物質的自然の技術的統御とは何であるかを語るのではない。したがって、哲学の任務は、話すことであり、工業生産について思弁したり、古い哲学のやり方を延長しつつ工業生産を主題として取り上げたりするのではなく、哲学を、すなわち欲望と理性、自然発生性と考察、生命力と整序、支配と我有化、決定論と自由などといった世界のなかにおける人間の哲学的企てを実現するための手段として工業生産を取り上げるという条件で、工業生産の意味を語ることである。哲学は、芸術（時間や空間の我有化の範型としての）が社会的実践のなかで十分に実現されることなしには、そして、手段としての技術や科学が十分に利用されることなしには、プロレタリアの条件が止揚されることなしには、実現されることができない。

マルクスによって始められたこのような理論的革命は、その後、工業生産とか経済成長とか組織する合理性とか生産物の消費とかが、上位の目的に従属する手段ではなくて、目的となることによって、はっきりしないものになった。こんにち、哲学の実現は、その意味、すなわち、歴史や現在に意味を与えるという意味を、ふたたび獲得することができる。一世紀以来中断されていた糸が、ふたたび結ばれる。理論的状況は封鎖解除され、全体的なるものと部分的なるものあるいは細分化されたものとのあいだ、不確実な総体とあまりに確実な断片とのあいだの深淵は、埋められる。都市社会が工業化の意味を開示する瞬間から、これらの概念は、新しい役割を演ずる。理論的革命は続き、都市革命（都市改革や都市戦略の革命的側面）は前面に移行する。理論的革命と政治的変貌は、一対になって進行するのである。

理論的思惟は、生産力の低い社会の人類（非＝豊富性、あるいはむしろ豊富性の非＝可能性の時代の人類）とか生産主義的社会の人類とかとは別の人類の実現をねらう。古い限界——稀少性の限界や経済主義の限界——から解放された社会や都市生活においては、技術や芸術や認識は、日常性に奉仕し、日常性を変貌させる。哲学の実現は、このように規定づけられる。ことは、もはや、都市の哲学とか、都市の科学の傍にある歴史＝社会的な哲学に関しているのではない。哲学の実現は、社会的現実の諸科学に、ひとつの意味を与える。このことは、ここで提示されている諸々の仮説や命題にたいしてかならず襲いかかるであろう《社会学主義》という非難に、あらかじめ反論するものである。哲学主義でもなければ、科学主義でもなく、実用主義でもない。社会学主義でもなく、心理学主義でもなく、経済学主義でもない。歴史主義でもない。なにか別のものが告知されているのである。

都市、都市的なるもの、および都市計画についてのテーゼ

1．ふたつの群の問題が、都市や都市社会の問題を隠蔽した。ふたつの次元の緊急性があるのである。すなわち、住居や《居住地》の問題（住宅政策や建築技術の管轄に属する）、および工業的組織化や総体的計画化の問題である。社会の都市化が遂行されているときに、前者は下から、後者は上から、注意にたいして隠蔽しつつも、都市の伝統的形態学の破砕を生み出した。そこから、現存する社会の未解決の諸矛盾を深刻化し、それらに別の意味を与えつつ、それらの矛盾につけ加わる新しい諸矛盾が生まれる。

2．これらふたつの群の問題は、経済成長や工業生産によって提起されたし、いまも提起されている。実際的経験は、社会的発展なしの成長（質的発展なしの量的成長）が存在しうるということを示している。このような条件のなかでは、社会における諸々の変化は、現実的であるよりも外見的である。変化の物神崇拝やイデオロギー（いいかえれば、近代性のイデオロギー）が、諸々の本質的な社会関係の停滞を蔽い隠している。社会の発展は、

都市生活のなかにおいて、都市社会の実現によってしか構想されることはできない。

3．工業化と都市化という二重の過程は、都市社会を工業化の目標や目的として考えるのでなければ、都市生活を工業的成長へと従属させるのであれば、あらゆる意味を喪失する。工業的成長は、都市社会の諸々の条件や手段を提供するのである。工業的合理性を、必要にして十分なものと宣言するならば、この過程の意味（方向づけ、目標）は破壊される。工業化は、まず最初は否定的に（伝統的都市やその形態学やその実践的＝感覚的な現実の破砕）都市化を生み出す。そのあとで、仕事が始まるのである。都市社会は、古い都市やその周辺農地の廃墟の上に始まる。このような変化の途上において、工業化と都市化との関係が変わる。都市は、生産物や生産の容器や受動的な集積所であることをやめる。解体のなかにある都市現実から生き残り、強化されるもの、すなわち決定の中心は、いまや生産手段のなかに入り、情報や文化や決定権そのものを保有する連中による社会的労働の搾取装置のなかに入る。ただ、ひとつの理論のみが、諸々の実践的な所与を利用し、都市社会を実際に実現することを許すのである。

4．この実現のためには、企業の組織化も、総体的な計画化も、必要なものではあるが、十分なものではない。合理性の一歩前方への跳躍が遂行される。「国家」も「企業」も、不可欠な合理性や現実性の範型を提供しない。

5．都市社会の実現は、社会的な諸々の欲求、すなわち都市社会の諸々の欲求へと方向づけられる計画化を促す。それは、都市の（都市生活における諸々の関係や相関の）科学を必要にする。これらの条件は、必要なものではあるけれども、十分なものではない。これらの手段（手段でしかないところの）を使う能力のある社会的・政治的な力も不可欠なのである。

6. 労働者階級は、古い形態学の破砕の諸々の結果を蒙る。労働者階級は、この破砕によって可能になる階級戦略たる分離の犠牲者である。プロレタリアートの否定的状況の現在の形態は、このようなものである。大きな工業国においては、古いプロレタリアの悲惨はやわらげられ、消滅へとむかっている。ひとつの新しい悲惨が拡がっている。それは、主としてプロレタリアに関係するものであるが、ほかの社会的な層や階級をものがしはしない。すなわち、居住地の悲惨、組織化された（管理される消費の官僚主義的社会のなかで、その社会によって）日常性へと従属させられた住民の悲惨である。階級としての労働者階級の存在を今なお疑うであろう人々にたいして、その《居住》の分離や悲惨が、地所の上において、労働者階級を指示するのである。

7. 完全にそれらの権利に対立することはできないけれども、それらにたいして進路を阻むこの社会のただなかにおける困難な諸条件のなかで、文明というものを規定づける（社会のなかで、しかし社会に抗して——《文化》によって、しかししばしばそれに抗して）ところの諸々の権利が歩を進めることになるであろう。十分に認知されていないこれらの権利は、形式化された規範のなかに記入される以前に、徐々に慣習的なものとなる。もしもそれらが社会的実践のなかに入れば、それらは現実を変えるであろう。すなわち、労働や訓練や教育や健康や住居や余暇や生活への権利である。形成途上のこれらの権利のなかに、都市への権利（古い都市への権利ではなくて、都市生活へ、刷新された中心へ、出会いや交換の場所へ、これらの時や場所の十分で十全的な使用を許すような生活のリズムや時間割へ、などの権利）がある。使用の（交換価値から解放された交換や出会いの）支配としての都市生活の宣言や実現は、経済的なるものの（交換価値や市場や商品の）統御を要求し、したがって、労働者階級の指導権のもとにおける革命の展望のなかに記入される。

8．中心から周辺へとむかって投げ出され、都市を剝奪され、こうして自分の活動の最良の結果を取り上げられた労働者階級にとって、この権利は、特別な射程や意味を持っている。それは、労働者階級にとって、手段と同時に目的、道と同時に地平線を表わしている。けれども、この労働者階級の潜在的行動は、また、文明の一般的利益とか、統合や参加が強迫観念的になっていながら、これらの強迫観念を実効あるものにすることに成功しないところの《住民》たちのあらゆる社会的階層の特殊的利益とかをも表わしている。

9．社会の革命的変貌は、工業生産を地盤とし梃としている。まさにそのゆえに、決定の都市的中心が、もはや（現在の社会、すなわち新資本主義あるいは国家に結びついた独占資本主義のなかにおいて）諸々の生産手段や、それらの所有や、それらの管理を除外して考えられることができないのである。ただ、労働者階級とその政治的受託者たちによる計画化の引受けのみが、社会生活を深く改変し、第二の時代、すなわち、新資本主義諸国における社会主義の時代を開くことができるのだ。それまでは、変貌は、表面上に、すなわち記号の水準、記号や言語や超言語（第二段階の述話、以前の述話についての述話）の消費の水準にとどまる。したがって、ひとは、留保なしに、都市革命について語ることはできない。それにしても、社会的欲求への工業生産の方向づけは、第二次的な事実ではない。このようにして計画へともたらされる目標は、計画を変貌させる。したがって、都市改革は、革命的な射程を持っているのである。この二十世紀中において、徐々に地平から姿を消しつつある農地改革がそうであるように、都市改革は、革命的改革である。都市改革は、こんにち支配的である階級戦略に対立する戦略を生み出すのである。

10. ただプロレタリアートのみが、その社会的・政治的活動を、都市社会の実現に託すことができる。またプロレタリアートのみが、消費のイデオロギーを破壊することによって、生産的・創造的活動の意味を更新することができる。したがって、プロレタリアートは、その生涯を終えつつある古い自由主義的人間主義とは異なった新しい人間主義を生み出す能力を持っているのである。この新しい人間主義とは、その人間のために、その人間によって、都市とか、都市における彼自身の日常生活とかが、科学とか芸術とか技術とか物質的自然にたいする支配とかのあらゆる手段を用いつつ、作品とか我有化とか使用価値（交換価値ではなく）となるところの都市的人間の人間主義なのだ。
11. しかしながら、生産物と作品とのあいだの相違は存続する。生産物の生産（物質的自然にたいする科学的・技術的統御）の感覚に、作品とか我有化（時間や空間や身体や欲望の）の感覚が、つぎに優位を占めるものとして、つけ加わらねばならない。そして、このことは、始まりつつある都市社会のなかで、都市社会によって、行なわれるのである。ところで、労働者階級は、自然発生的に作品の感覚を持つのではない。その感覚は、職人階級や手職や《質》とともに、影が薄れ、ほとんど姿を消した。作品の感覚というこの貴重な沈澱物は、どこに見出されるであろうか。労働者階級は、それを生産的知性や実践的に弁証法的な理性に結びつけることによって、上位の段階へと持ち上げるために、どこからそれを受け取ることができるのであろうか。一方では、哲学や哲学的伝統全体が、他方では、芸術全体が（それらの恵与物や贈物について根本的な批判は必要だが）、作品の感覚を内包している。
12. このことは、経済的革命（社会的諸欲求へとむけられた計画化）や政治的革命（国家機関による民主的統御）とならんで、永続的な文化革命をうながす。
これら全体的革命の諸水準のあいだには、都市戦略（進歩し計画化された工業化という土台の上における都市社会の実現をねらう革命的改革）と工業化による伝統的な農民生活の変貌をねらう戦略とのあいだにと同様に、不両立性はない。それどころではない。大部分の国々においては、こんにち、都市社会の実現は、農地改革と工業化とを通過している。世界的な戦線が可能であるということには、いかなる疑いもない。しかし、それがこんにち不可能であるということもまた確実である。このユートピアは、しばしばそうであるように、ここでも、ひとつの《可能的＝不可能的なるもの》を地平線上に投影するのである。幸か不幸か、時間、すなわち歴史や社会的実践の時間は、哲学の時間とは異なっている。たとえそれが不可逆的なものを生み出すのではないとしても、それは修復困難なものを生み出すことができる。人類は、人類が解決しうる問題をしかみずからに提起しない、とマルクスは書いた。ある人々は、こんにち、人間たちは解決不可能な問題をしかみずからに提起しない、と考えている。彼等は、理性を否認しているのである。しかしながら、おそらく解決の容易なさまざまな問題が存在する。その解決は、そこに、すぐ近くにあるのだが、人々がその問題をみずからに提起しないのだ。

パリ、一九六七年（『資本論』百年）

訳者あとがき

本書は、Henri Lefebvre: *Le droit à la ville*; éditions anthropos, Paris, 1968 の翻訳である。

著者のルフェーヴルが、昨年（一九六八年）はじめ来日し、一カ月あまりにわたって主として京都に滞在して日本の農村社会の問題について研究したほか、精力的に講演会を行なったり、論文を発表したりしたことは、なお記憶に新しいところであるが、彼の帰国後まもなく、彼が教鞭をとっているパリ大学ナンテール分校から起った学生たちの運動は、やがて〝五月革命〟とまで呼ばれる事態に発展し、またこの事件に象徴される世界的な激動期の様相は、わが国をもふくめて、フランス以外の各国でもはなはだ顕著なものがあるため、この一年間にはすでに長い時間が流れ去ったような気がしないでもない。

この間、ルフェーヴルの活動もきわめて活潑で、たんに著作だけを数えても、この年に三冊の本が新たに出版されている。すなわち、この『都市への権利』につづいて、『現代世界における日常生活』と、〝五月革命〟を扱った『突入——ナンテールから絶頂へ』が出ているのである。

さて、本書の末尾には、「パリ、一九六七年（『資本論』百年）」とある。たまたまこの年、僕は機会あってパリにいた。僕がルフェーヴルを読みはじめてから二十年になる。はじめて世に出す本として、ルフェーヴルの『マルクス主義の現実的諸問題』の翻訳をしてから十年になる。しかし、〝本は本、人は人〟という考えの強い僕としては、フランスに来たからといって、べつにルフェーヴルに会う気はなかった。けれども、冬のパリでは、することがない。ちょうど十二月に入ったころ、パリ大学付属の高等学術研究院でルフェーヴルの新学期のゼミナールがはじまることを知ったので、のぞきに出かけてみることにした。パリの若者たちの盛り場であるサン・ジェルマン・デ・プレのどまんなかの建物の一角を借りた教室で、午後の六時から八時まで毎週一回行なわれるのである。場所も時間も、僕にとってははなはだ手ごろだった。

行ってみると、テーマは都市問題であることがわかった。すなわち、本書のテーマそのものである。いまどきパリを〝世界の都〟と呼ぶのは時代錯誤であろうが、ともかく、この特色ある都市の盛り場のまんなかで都市問題を考えるのもちょっと面白かろうという気がして、毎週行ってみることにした。もちろん、ルフェーヴル先生のせいでもあることは事実だが……。ところが、三回目の冒頭で、先生の口から、「当分休講」ということが告げられた。日本へ行くというのがその理由であった。ちょうど「ル・モンド」紙が日本特集を数回にわたって連載し、日本の経済成長の驚異をはやしたてた直後だったので、それにたいする批判をにおわせながら、先生は、まだ見ぬ日本の都市についての予想を語りはじめた。趣旨は、アメリカニズムの強力な浸透ということであった。「なにしろ東京には三百メートルの鉄塔が建ち、セックスの見世物が氾濫しているというではないか。」このような話に興味をひかれていた僕は、いきなり先生の指先がむかってくるのに気がついて、驚かされた。もぐり学生の僕は、最後列の席にいたのだから……。「あなたは日本人ではないか。」こう声をかけられた以上、だまっているわけにもいかなかった。そこで、しばらく言葉をかわしたあげく、「僕も近いうちに帰国するつもりです。ことによったら日本でお目にかかれるかもしれません」といって別れたのだが、実際の結果は、すれちがいであった。

ルフェーヴルの日本での研究テーマは農村の問題であったが、近年の彼の傾向からみて、都市問題にも強く関心をひかれたであろうことは想像に難くない。ルフェーヴルの農村社会学に関する業績にふれて、サルトルは『方法の問題』のなかで次のように述べた。「わたしの意見によれば、社会学と歴史とを唯物弁証法の見通しの内部で綜合するための簡単で非の打ちどころのない方法を与えたのは、一個のマルクス主義者たるアンリ・ルフェーヴルである。」このような評価にもとづいて、サルトルは、「彼の文章は全面的に引用する値打がある」として、ルフェーヴルの提起した方法論をかなりくわしく紹介しつつ、みずからの方法論のなかに取り入れたのである。

農村社会の考察にこのような成果をあげた方法論を、こんどは都市社会の考察の方法論として練り直そうというのが近年のルフェーヴルの意図であり、本書はそのひとつの成果であるわけだが、このような農村から都市への関心の移行は、ルフェーヴルにあっては、たんに並列的な対象間の移行なのではなくて、現代社会の総体的な変質という歴史的な運動に即応したものなのだということに注意する必要があろう。

このように、歴史のなかで考える哲学者としてのルフェーヴルにとって、批判すべき対象として前面に現われるイデオロギーもまた時代とともに変わるのは当然であろう。十年前、『マルクス主義の現実的諸問題』を契機とし、つづいて『総和と余剰』によって決定的に三十年間所属したフランス共産党から訣別したルフェーヴルの目の前に立ち現われていた批判すべきイデオロギー的対象は、あきらかにスターリン主義であった。ところが、現代社会におけるスターリン主義的マルクス主義の破産が誰の目にも明らかとなったことから、マルクス主義そのものを葬り去ろうとするさまざまな新しいイデオロギーが喧伝されはじめた。いわゆる技術主義が、そしてまた構造主義が、ルフェーヴルの目にはそのようなものとして映っているということに疑いはないのだ。そこで、これらがルフェーヴルの批判の主要目標となる。本書もまた、このような状況を成立の基盤としているものだということができるであろう。

ところで、都市問題という主題は、ルフェーヴル自身の思想的系譜としては、日常生活に関する考察のなかから生まれてきたものにほかならない。日常生活の批判は、ルフェーヴルにとって、すでに古くからの課題なのだ。それにしても、日常生活の問題があらためて彼の中心主題となるためには、〝歴史の挫折〟からくる日常生活の停滞という状況があったはずである。技術主義や構造主義が、まさにこの時代に支配的となったイデオロギーであったことは確かであろう。ともあれ、これに対応したかたちで、この時期のルフェーヴルの著作は、次第に技術主義批判、構造主義批判の色彩を強めるのである。その頂点をなすのが、一九六六年の『言語と社会』と一九六七年の『立場――技術主義者たちに抗して』であり、本書および『現代世界における日常生活』も、イデオロギー批判としては、その立場を引きついでいる。

しかし、これらはもちろんたんにイデオロギー批判としてのみ読まれるべきものではなく、たとえば本書の場合ならば都市という社会的現実そのものを対象としているのであるから、たとえイデオロギー的状況になんらかの変化が生じたとしても、その価値が損われるわけではない。このようなことをいうのも、〝五月革命〟によって、いわゆる〝構造主義の時代〟は終ったというような評価もないわけではないからである。このような見方の当否は別として、ともかく状況の流動化があることは否めないのではなかろうか。ルフェーヴルはさっそく、『突入』によって、それに応えようとしているのだ。

ここで、『マルクス主義の現実的諸問題』以前にすでに二十冊の著書を数えるルフェーヴルの、その後の著作目録を掲げておこう。
『マルクス主義の現実的諸問題』一九五八年
『総和と余剰』一九五九年
『日常生活批判』(第一巻)一九五九年
『日常生活批判』(第二巻)一九六二年
『現代性序説』一九六二年
『カール・マルクス選集』一九六三年
『カンパン渓谷』一九六三年
『哲学者マルクス』一九六四年
『コミューンの宣言』一九六五年
『超哲学』一九六五年
『ピレネー山脈』一九六五年
『言語と社会』一九六六年
『立場――技術主義者たちに抗して』一九六七年
『都市への権利』一九六八年
『現代世界における日常生活』一九六八年
『突入――ナンテールから絶頂へ(五月革命論)』一九六八年

最後に、本書の出版にあたっては、筑摩書房編集部の淡谷淳一氏のお世話になったことを付記して、感謝の意を表したい。

一九六九年三月

訳者

文庫解説

南後　由和

アンリ・ルフェーヴル（一九〇一〜九一年）の『都市への権利』（一九六八）は、都市に住まう私たちの集合的な力で都市を変化させ、そのことによって、私たち自身が変化する可能性を示した書物である。一九六九年に邦訳が刊行されたが、その後、長らく絶版となっていた。『都市への権利』に限らず、『「五月革命」論――突入―ナンテールから絶頂へ』『都市革命』『空間と政治』などの都市・空間論のほか、『マルクス主義』『美学入門』『総和と余剰』『日常生活批判』など、ルフェーヴルの多岐にわたるジャンルの著作が邦訳されたのは、主に一九五〇年代から七〇年代にかけてである。ただし、各分野で独自に掘り下げられた受容がなされたというよりは、一括りにマルクス主義哲学者として認識され、六〇年代の大学紛争や反体制運動の精神的支柱のひとつとなっていたといった方がよい。

近年では、二〇〇〇年に『空間の生産』の邦訳が刊行されたのが記憶に新しい。これは八〇年代後半から九〇年代にかけてのアメリカ、イギリスなど英語圏におけるルフェーヴルへの再評価の気運と連動したものだ。『空間の生産』の英訳が一九九一年に出版され、日本でもおなじみの都市社会学者のマニュエル・カステル、地理学者のデヴィッド・ハーヴェイ、エドワード・W・ソジャ、メディア論者のスコット・ラッシュをはじめ、社会学、地理学、メディア論、カルチュラル・スタディーズなどの分野で、都市を社会的かつ空間的編成の諸関係から読み解こうとする「空間論的転回」の先駆者として、ルフェーヴルの再評価の気運が高まった。それを受けて、一九九六年に『都市への権利』の英訳が刊行されるなど、次々とルフェーヴルの都市論の著作の英訳が進み、これまで英語圏であまり知られていなかったルフェーヴルへの注目が高まった。

それに比べると、日本は六〇年代にすでに多くの邦訳が出揃っていたのだから、日本におけるフランス思想の翻訳の速度と量は驚くべきものがある。そうはいうものの、ルフェーヴルの思想の受容が、五〇～七〇年代と二〇〇〇年代以降の二段階に分かれていたため、『空間の生産』などを通じてルフェーヴルに興味を持った日本の読者が、『都市への権利』をはじめとする都市論へとアクセスすることが難しい状況が長らく続いていた。まずは、今回の文庫化を契機に、本書が、近代の都市・建築が持つ限界を批判的に考察したジェイン・ジェイコブズの『アメリカ大都市の死と生』（一九六一）、クリストファー・アレグザンダーの「都市はツリーではない」（一九六五）などと並ぶ六〇年代の都市論の星座をつかさどる巨星として、多くの読者のあいだで読み継がれることを期待したい。

†ルフェーヴルは、少年時代・青年時代をどのように過ごしたのか？

ルフェーヴルは一九〇一年に、フランス南西部のランデス州アジェモーに生まれた。農村部で過ごした少年時代の、日常生活に組み込まれた祝祭や年中行事などの経験、そこで目の当たりにした工業化による農村社会の変貌は、後々、ライフワークとなる『日常生活批判』三部作（一九四七、一九六一、一九八一）や都市論へと反映されていくことになる。一九一八年にエクス・アン・プロヴァンス大学で哲学の学士号を取得した後は、ソルボンヌ大学に進学し、雑誌『哲学』の刊行などに携わり、デカルト、パスカル、ヘーゲル、マルクスなどの哲学・思想に傾倒した。二〇代の頃には、兵役義務やタクシー・ドライバーも経験した。とりわけタクシー・ドライバーの経験は、都市を鳥の眼からだけではなく、路上における生活者を虫の眼から観察するルフェーヴルの姿勢に一役買った。また、詩人のトリスタン・ツァラなど、ダダ、シュルレアリストとも交流を深め、機械的で反復的な秩序に蝕まれた既成の日常生活を、無意識や集団的想像によって転覆させようとする詩、小説、演劇などの芸術がもつ力に関心を寄せた。

ルフェーヴルは、一九二七年に共産党に入党し、ファシズムやスターリニズムへの反発を示して五七年に離党するまで三〇年間共産党員として活動した。そのため、マルクス主義哲学者と形容されることが多い。ただし、経済学に偏った従来のマルクス主義は、資本家―労働者間の階級関係に照準し、その階級闘争の場は主に工場や会社などの労働の場に限られていたが、ルフェーヴルは余暇の中にも「疎外」が忍び込んでいることを看破し、その闘争の場を日常生活や都市に据え直した。そして、資本家―労働者に限らない、若者、ジェンダー、エスニシティなどをめぐるさまざまな行為主体・集団が、コミュニティ、文化、政治の自律へ向けて独自の価値・利益を能動的に追求する回路を切り拓いたのである。

†六〇年代のルフェーヴルの危機意識とは?

一九五〇年代半ばから六〇年代のヨーロッパでは、都市への資本と人口の集中の加速化と同時に郊外の開発が進行する集中―分散、労働者、外国人、学生などを特定の地区に集約させる統合―隔離などの現象が顕著になった。ルフェーヴルの故郷であるピレネー地方も急速に開発が進み、工業都市ラックや新興都市ムランが建設されるなど、農村も工業の発展による都市化の影響を如実に被るようになっていた。ルフェーヴルは、このような集中―分散、統合―隔離などの同時進行によって「都市の織り目 le tissu urbain」(英訳urban fabric) が形成されると述べた。工業化は、資源や労働力が集積する場所を中心として工業都市を生み、経済発展によって都市を拡張し、農村を吸収、解体しながら「都市の織り目」を形成していく。都市と農村の二項対立的な図式は有効でなくなり、都市それ自体へと構造的矛盾が移行したのである。

ただし、ルフェーヴルは都市が工業化によって誕生したと考えたのではなかった。都市は工業化以前にも、政治都市であればアゴラなどの集会場が、商業都市であれば市場が都市の中枢に形成され、出会いや交換の場所として機能してきた。ルフェーヴルは、都市の歴史を、政治都市━商業都市━工業都市━都市社会（société urbaine）の変遷として捉えた。都市は空間や時間の領有をともなう使用価値を持つものとして存在してきたのであり、工業化は都市化の歴史過程の一局面にすぎない。

しかしながら、一九六〇年代も後半になると、国家による都市計画や民間資本による都市開発が、土地や不動産などへの投機を通じて、空間の商品化や交換価値への還元をより一層進行させた。都市をめぐる集中━分散、統合━隔離とは、国家の都市計画や民間資本の都市開発による空間の配置や編成によってもたらされるものにほかならない。資本主義は、国家の計画の論理と結びつきながら、自らの存続の道具として空間を支配、コントロールするようになったのである。

従来、「居住すること」（住まうこと）は、マルティン・ハイデッガーのいうように人間存在の根源と結びついたものとしてあり、共同体や社会生活に主体的に参与することを意味していたが、郊外のニュータウンに見られる国家の介入による都市計画は、「居住すること」の多義性を均質化、画一化してしまった。だからといって、ルフェーヴルは郊外やニュータウンを一枚岩的な存在として捉えたのではなく、そこでの風景は見かけ上は均質的でありながら、たとえば一戸建てと団地のあいだには序列関係が生じていることなどを指摘した。均質化の背後で序列化が同時進行していることに警戒すべきだと注意を喚起したのである。郊外論を先駆的に展開した論者のひとりであるルフェーヴルが、その当初から郊外およびニュータウンを単に均質的で画一的な街並みとして批判することで事足れりとするのではなく、そこにさまざまな亀裂や矛盾を読み取ろうとしていたことは注目に値する。また、興業者たち（デヴェロッパー）による都市計画は、モノとしての住居や家屋を売るというよりもむしろ、広告による幸福のイデオロギーを通じた都市計画を売っているといった方がふさわしく、都市計画を交換価値のみに還元してしまったと非難した。

日本であれば、郊外の庭付き一戸建てを所有し、アメリカ型のライフスタイルを営むことが、戦後日本における人びとの「理想」であり、「住宅双六」の「あがり」とされたように、ルフェーヴルは、「想像的なるもの」や記号の消費がもつ役割が増幅したこと、いわば、空間が消費の対象となったことをいち早く見抜いたのだ。消費社会においては、人びとの「幸福の枠」や「舞台装置」が空間的仕掛けとして用意され、しかもそれらが「読み取れる」ものになっているというルフェーヴルの記述は、後述するように、ギー・ドゥボールによる「スペクタクル」やジャン・ボードリヤールによる「シミュラークル」の概念へと連なるものだ。

以上のような、都市に見られる集中―分散、統合―隔離などの弁証法的運動を内包した性格を、ルフェーヴルは「中枢性」と呼んだ。都市の中枢性とは、新たなモノ、ヒトを集め、蓄積して創造的交配をもたらす作用を持つ。それは、都心や中心市街地などの地理的な中心に限らず、街路や広場など、いたるところに突発的に生起しうる。しかしながら、都市の中枢性は同時に、異質なものや社会的弱者を排除する働きをも併せ持っている。この中枢性をめぐっては、交換価値と使用価値の対立や、支配と排除の問題が生じており、政治的意思決定の中心と消費の中心が結びつく権力の集権化によって、人びとは都市の中枢性から「疎外」されるようになったという危機意識がルフェーヴルにはあった。そこでルフェーヴルは、使用価値を帯びた「作品」としての都市を獲得する権利や、都市の中枢性から排除されないことへの権利を「都市への権利」として唱えた。マルクスの資本論における商品および疎外の概念を、都市論へと拡張して展開したのである。ルフェーヴルにとって、マルクス主義は、さまざまな概念から構成され、不変不動ではない、動的な姿をした「ひとつの星座」としてあった。ルフェーヴルは「疎外」の概念を、都市や日常生活の場へと拡張することにより、「マルクス主義の星座」に新たな星を付け加えたのだ。

「都市への権利」とは、単なる住民参加とは異なる。ルフェーヴルは「参加」とはマジック・ワードであり、体制へ回収することを目論んだイデオロギーであると切って捨て、都市の中枢性に関与するうえでは「自主管理」が重要であると考えた。また、「都市への権利」とは、都市における個人の自由の権利というよりはむしろ、人びとの出会いや交配による創発という集合的な力の行使に捧げられたものである。ルフェーヴルは、人間のために人間によって、都市が使用価値を帯びた「作品」となるとする自らの立場を、「都市的人間の人間主義」（二一六頁）とも呼んでいる。ちなみに、「作品」としての都市とは、「生産物」が科学的・技術的統御によってもたらされる反復可能なものであるのに対し、身体を介した時間や空間の我有化をともない、集団の歴史と文化によって形づくられる社会全体の実践の成果を指す。「芸術を都市的なるものに仕立てるということは、なんら都市空間を芸術品で飾り立てるということを意味しはしない」（二〇四頁）とルフェーヴルが述べるように、作品としての都市が、屋外彫刻などのパブリック・アートを都市空間に点在させる行為と無縁であることはいうまでもない。

このような「都市への権利」をめぐるルフェーヴルの思想は、一九六八年の五月革命に影響を与え、当時ルフェーヴルが勤めていたパリ大学ナンテール校もその舞台となった。また、ルフェーヴルは、新資本主義社会においては、政治的意思決定（権力）の中心と消費の中心が重ね合わされ、そこにはモノやヒトというよりは、情報や知識が寄せ集められると述べた（一九八頁）。東京、ニューヨーク、ロンドンなどのグローバル・シティが歩んだ道筋を見れば明らかなように、情報技術などの進歩により時間―空間の圧縮が進み、地理的距離が無効化されつつあるように見える現代においても、都市の中枢性をめぐる政治的な利害関係は消失するどころか、ますます重要性を帯びるようになっている。これらの問題意識は、冒頭に触れたマニュエル・カステルらの新都市社会学やデヴィッド・ハーヴェイ、エドワード・W・ソジャらのポストモダン地理学に引き継がれている。

†ルフェーヴルは、都市をどのようなものとして捉えたのか?

ルフェーヴルは、工業化によって交換価値に還元されてしまった都市は完全に都市化していないし、「都市社会」に至っていないという。「都市社会は、既成事実ではなく、傾向、動向、潜在的なもの、を指し示す」(『都市革命』晶文社、一九七四、一〇頁)。それは、住民、使用者、現場にいる人びとによる主体的変革の可能性をはらみ、それらの人びとが都市の組織化に有効に介入し、空間を領有・我有化しうる社会である。空間の私的所有が「支配された」空間にからめとられているのに対して、領有・我有化とは、集団の欲求に応じて空間を「支配する」ことであり、都市において空間を所有するという制度や仕組みそのものを問い返そうとする態度につながっている。

ルフェーヴルにとって、都市とは明確な地理的境界を持ったものでもなければ、社会的出来事の容器でもない。ルフェーヴルは都市を、はじめからそこに存在する所与の実体としてではなく、現実化の過程にある潜在的なものとして捉えた。「都市社会」とは、いまだ決着のついていない、現在進行形の問題圏なのだ。ルフェーヴルがいう「都市社会」の枠組みに従えば、都市社会の先に消費社会や情報社会があるのではない。むしろ、それら新しい社会的事象を包含し、地層のように積み重なっていく過程が「都市社会」なのである。

また、中枢性と並んでルフェーヴルが着目したもうひとつの性格が、都市の「媒介性」である。ルフェーヴルは、都市とは遠い秩序（権力や制度や成文化された法規や文化）と近い秩序（さまざまな集団のなかにおける諸個人の関係、これらの集団のあいだの関係）の仲介であるとし、「都市、それはさまざまな媒介のなかのひとつの媒介である。都市は、近い秩序を内包しつつ、それを維持し、生産や所有の諸関係を保持する。都市は、それらの関係の再生産の場である」（七三頁）と述べた。つまり都市とは、人びとの活動や経験の媒介（メディア）であると同時にその結果なのである。それは諸々の階級闘争、戦略と戦術が繰り広げられたり、種々のイデオロギーが投影されることで社会的な形態が生み出される場なのだ。都市をメディアとして捉える視点は、メディア論者のフリードリヒ・A・キットラーの論考「都市はメディアである」（『10+1』no. 13、INAX出版、一九九八）や、メディアとしての都市とは単にヒト、モノ、情報、交通の集結点であるだけではなく、そこでの諸関係に新しい形式を与え、社会的な事実としてつくりだすことを指すとした社会学者の若林幹夫の議論などにも継承されている（若林幹夫、「ITが都市型社会にもたらすもの――メディアと文明の行方」、東京都立大学都市研究所編、『総合都市研究』第七七号、二〇〇二、一二九―一三〇頁）。

都市をメディアとして捉える見方は、都市を集合的作品とする見方とも関係している。ルフェーヴルは「都市は書き（エクリトゥール）、そして処方する（プレスクリール）」（七六頁）

という。そこには、都市をテクストとして捉える視座があるが、「一冊の本があるだけでは十分ではないのである」（八六頁）、「都市的なるものは、ひとつの体系として、すなわちすでに完結した一冊の本として、市民に押しつけられるのではなくて、多かれ少なかれ、市民たちの作品なのだ」（一〇二頁）と付け加える。都市は確定され、閉じられた体系として捉えることはできないとする視座は、ウンベルト・エーコの言葉でいえば「開かれた作品」、近年のデジタル・アーカイヴや電子書籍を念頭に置けば、都市が複数の他者によって読み換え、書き換え可能なオープンエンドなテクストとしてあるという議論を先取りするものとして考えることができるだろう。インターネットを媒介とした「集合知」という言葉が生まれる以前から、都市とは誰もがコミュニケーションの送り手と受け手となりうるｎ×ｎの場としてあるのだ。そのための条件と可能性をルフェーヴルは真摯に追究した。

ただし、ルフェーヴルは都市をテクストとして記号学の観点から捉えるうえでの注意も喚起している。意味の体系として都市を捉えることは、たとえば管理される消費のイデオロギーなど、ある特定のイデオロギーへと回収されてしまうという。すなわち、「《都市的なるもの》を《意味するもの＝意味されるもの》という関係に帰着させること」（九七頁）は、「都市的なるもの」を社会的実践から切り離してしまう危険性があるというのだ。つまり、都市をテクストとして捉えるうえで、主体の自由な読みを手放しで認めるのではなく、主体が置かれている状況がすでにつねに何らかの経済的、政治的構造によって制約を受けていることに注意を払い、逆に都市を読まされているかもしれないという点に自覚的になるべきだという。

†ルフェーヴルの議論は、なぜ抽象的で難解に感じられるのか？

あらゆる体系は、考察を閉じ、地平を閉鎖する傾向を持っている。この著作は、諸々の体系を破砕することを望んでいる。それらに、ある他の体系を置きかえるためにではなく、地平や道を示すことによって、思惟や行動を諸々の可能性にむかって開くために……（七―八頁）。

ルフェーヴル独特の用語の使い回しが多く見られることも一因だが、邦訳の問題をさておくならば、本書が上記引用の文章から始まるように、ルフェーヴルが「体系化」を嫌ったことが大きい。それは、従来のマルクス主義がもつ硬直した教条主義や思弁的観念論に対する反発でもあった。「実際的な綜合として規定されるのではなくて、横顔を見せてはいるけれども、極限においてしか実現されない潜在性たる収斂として規定される」都市社会は、「そこに身を落着けることや、それを完成された現実として組立てることは不可能」

（一八九頁）な動的過程としてある。それは認識したと同時に、認識を零れ落ちていくものなのだ。それゆえ、新たな認識に向けて運動し続けなければならない。

また、ルフェーヴルは「最も抽象的なものから最も具体的なものへ、したがって、最も直接的でないものから最も直接的なものへと至る」（一三三頁）回路をとろうとする。ただし、その抽象性とは思弁的なものではない。具体的な経験の複数性や多様性を曖昧模糊なものとして放置するのではなくて、それらを科学的な手続きを経た透明さや明晰さをもった「《純粋な》抽象」を介して捕捉しようとする。ルフェーヴルにとっての抽象（＝形式）とは、安定した枠組みではなく、具体的なものや現実的なもの（＝内容）との一体性を孕んだ弁証法的な運動態なのだ。

はじめから抽象ありきなのではなく、ルフェーヴルはまず「感覚的なもの」から出発し、具体的な抽象へと至ろうとする。それゆえ、けっして高みから、都市の本質とは何か、都市の精神とは何か、という問いの立て方をすることはない。都市の全体性へと接近するために、細分化された科学のあり方を批判し、特定の専門的知見から借用した原理をもって、都市を定式化することを非難する。たとえば、構造主義は反弁証法的であり、矛盾や対立の分析を排除してしまいかねないとして、ジャン＝ポール・サルトルの現象学は本質主義であるとして批判した。このようにルフェーヴルには、構造主義、現象学、記号論など、新たな知の動向にたえず目を配りながらも、それらを安直に採用するのではなく、むしろそれらの限界を指摘し、批判的に乗り越えながら、自らの知をマッピングしようとする姿勢を見て取れる。ルフェーヴルは都市の全体性へ接近するために「哲学の実現」を重視したが、ここでいう哲学も孤立し、細分化されたタコツボ的な哲学ではない。「哲学は、始まりとしておのれを主張する。始まるもの、すなわち再び始まるもの、再び作り出されるものとしてしか、哲学というものはない」(『総和と余剰第六部　マルクス主義者とは何か?』現代思潮社、一九六一、一三頁)と述べる。ルフェーヴルにとって、都市を哲学することが重要なのであり、それは形成途上の都市現実とともに、すなわち都市社会の実践とともに歩むことなのだ。

✝ルフェーヴルにとっての具体的な敵は?

「諸々の意味の体系のなかで、建築家たちの体系を最大の注意(批判的な)をはらって研究すべき理由がある」(一〇一頁)と述べるなど、ルフェーヴルは建築家批判を繰り返した。具体的には、ル・コルビュジエの名前を挙げ、空間の医者として振る舞う建築家は、空間が人間関係をつくり出すと信じ、先在する社会的現実を空間に合致させようとするが、それは空間決定論に陥っていると批判した(七〇―七一頁)。社会のあらゆる問題を空間の問題として定式化しようとする空間決定論には、住民の使用によって事後的な空間が生成されるという問題を無視している。このようなルフェーヴルによる、建築家の空間決定論への批判は、社会学者の上野千鶴子が建築家の山本理顕に対して投げかけた「空間帝国主義」という批判および両者の間での議論の起源だともいえよう（上野千鶴子、『家族を容れるハコ 家族を超えるハコ』平凡社、二〇〇二）。

ただし、ルフェーヴルが六〇年代に批判していた建築家とは、どちらかといえば、テクノクラートとしての建築家で、現在は建築家の社会的位置も変化している。また近年では、建築家の側からも、建築論としてルフェーヴルの都市・空間論を創造的に読み直そうとする動きが出てきている。たとえば、塚本由晴と貝島桃代の建築家ユニットであるアトリエ・ワンは、建築や都市に見られる空間と人間の身体のあいだで反復的に営まれている「現象」を観察し、その現象（反復の中に見られる逸脱を含む）から導き出される「原理」を建築や都市に埋め込み、再びその現象を観察するというフィードバック・ループを維持することで「もうひとつ別の現実」をつくり出そうとする（アトリエ・ワン、『アトリエ・ワン・フロム・ポスト・バブル・シティ』ＩＮＡＸ出版、二〇〇六、七頁）。その際、ルフェーヴルの「転繹法」（一六二頁）を参照している。アトリエ・ワンは時間が欠落したものとして空間を捉えるのではなく、むしろ身体の慣習的な振舞いと不可分な空間のあり様や、履歴としての「時のかたち」をまとった建築の形式を追求している。また、ルフェーヴルは、作り手である計画者としての建築家と、使い手である住民やユーザーを二項対立的に捉えるきらいがあったが、建築家自体が他者性を孕んだ存在だと考えるアトリエ・ワンは、

「つくる」と「つかう」が刺激し合うとともに、人間のみならず、熱・水・大気などのエネルギー、交通・経済・情報のフローなども空間を生産する主体として捉えることで建築を生み出そうとしている。

†ルフェーヴルの弟子や後継者には、どのような人物がいたのか?

六八年の五月革命の触媒的役割を思想的にも実践的にも果たした同時代の人物として、シチュアシオニスト・インターナショナル（一九五八―七二）を率い、『スペクタクルの社会』（一九六七）などの主著で知られるギー・ドゥボールの名前を挙げることができる。ルフェーヴルの日常生活批判は、シチュアシオニスト・インターナショナルの前身であり、ドゥボールも属していたレトリスト・インターナショナルや、「ニューバビロン」と呼ばれる都市・建築プロジェクトを展開したオランダ人のコンスタントらによるCoBrAの活動に大きな影響を与えた。ルフェーヴルは「日常的なるものを通じての社会のサイバネティックス化」（『現代世界における日常生活』現代思潮社、一九七〇、一一一頁）、ドゥボールは「日常生活を植民地化された部門」（『アンテルナシオナル・シチュアシオニスト 三 武装のための教育』インパクト出版会、一九九七、六三頁）という表現を用い、日常生活が国家の技術官僚主義に侵蝕され、資本の搾取の対象となりはじめたことに警鐘を鳴らした。

ただし、両者にはスタンスの相違も確認できる。ドゥボールの関心は「日常生活の意識的変更のパースペクティヴ」（一九六一）と題された論考に見て取れるように、日常生活の意識的な変更・転覆にあるのに対して、ルフェーヴルはあくまで日常生活の批判的記述（＝実践）に重点を置いた。また、ドゥボールが日常生活における反復的な身ぶりを否定的に捉え、「日常生活の別の使用法を発明し提案すること」（『アンテルナシオナル・シチュアシオニスト 三 武装のための教育』、七三頁）を提唱したのに対して、ルフェーヴルは、反復的実践は安定性や恒常性を維持するものではなく、差異を生産する創造的実践の萌芽や基盤があると考えた。日常生活を「反復と創造の対決の場」（『日常生活批判2』現代思潮社、一九七〇、九一頁）とすることによって、日常生活という構造がもつ動態的性格を示したのである。そのほか、ルフェーヴルの「契機の理論」とシチュアシオニストの「状況の構築」の方法的概念の差異についても互いに議論が交わされたが、ルフェーヴルとドゥボールの直接的な交流は一九五〇年代後半から六〇年代前半までで、両者の間には女性問題や剽窃の有無をめぐるトラブルがあったこともあり、五月革命の頃にはお互いの関係は疎遠になっていた。

また、ルフェーヴルは長らく在野の学者であったが、四八年にCNRS（フランス国立科学研究センター）の研究者の職に就いた後、六一年からストラスブール大学、六五年から七三年までパリ大学ナンテール校の社会学の教授を務めた。このうちのパリ大学ナンテール校でルフェーヴルの研究室の助手を務めたのがジャン・ボードリヤールであり、ルフェーヴルはボードリヤールの博士論文『物の体系』の審査員の一人でもあった。ルフェーヴルは、ボードリヤールに関して、シミュラークルの概念に代表されるように、現代社会においてモノ＝記号が増殖するようになったことや、広告や資本による欲求の操作が操作の手法そのものを魅惑的なものにしてしまうメカニズムを解き明かしたことは評価しつつも、ボードリヤールは典型的なニヒリストであり、現代社会の頽落、死滅を形而上学的に過度の一般化をする「破局の思想家」だと位置づけて批判もしている。創造や革新の契機が枯渇したと結論づけるボードリヤールに対して、ルフェーヴルはニーチェがいう、生命力や情動に満ちた「ディオニュソス的なもの」や「超人」の概念に依拠しつつ、コード化された欲求とディオニュソス的欲望とのあいだの弁証法に着目し、創造や革新の契機の生成を肯定的に捉えようとした。

そのほか、一九七〇年からルフェーヴルが監修を務めた『空間と社会』という雑誌の編集委員には、マニュエル・カステルがおり、同誌は社会学者のみならず、建築家や政治学者などさまざまな分野の執筆陣が寄稿をする場となっていた。

✝ルフェーヴルは、日本に対してどのようなコメントを残したか？　三・一一以降、『都市への権利』が読まれる意義は？

ルフェーヴルは、二度来日している。一度目の一九六八年には、ボストンからボルチモアにかけてのアメリカ大西洋岸、ヨーロッパ北部、ローヌ河一帯などでの研究と並行させ、先進国における工業化が引き起こす都市化の批判的分析の一環として、日本で約一カ月にわたって研究を行った。その期間中、各地で講演や座談会を積極的にこなした。二度目の一九八一年には、国連大学主催の「普遍性と固有性」をテーマとしたシンポジウムへの招聘を受けて来日した。たとえば、桑原武夫、河野健二、平田清明、多田道太郎ら京都の学者との座談会「現代の技術と文明——東洋と西洋の接点を求めて」(『世界』一九六八年四月号、岩波書店)では、ルフェーヴルは、首都高速などを例に挙げ、東京の特徴は、「都市化の無秩序の上におかれた技術の秩序」が顕著な点にあり、東京の無秩序は、社会が更新される可能性に満ちていると評した。そのうえで、無秩序な都市化のなかで持続する日常生活のあり様、すなわち伝統に根ざした日常生活が産業化や技術化によってどのような変容を遂げつつあるのかに関心を寄せた。また、多田道太郎との対話のなかでは、西洋の戦術兵法は、敵を壊滅させるという観念を基盤にしており、この闘争の論理は、国家間の戦いや階級間の争いにもつながっているのに対して、日本は敵と味方の関係を調和的に捉え、戦後日本にとってのアメリカがそうであるように、権力への従順さがあること、そのことが工業社会や資本主義社会への順応につながっているのではないかという議論を展開した。また、ルフェーヴルは都市空間を公共的なレベル(G)と混合的なレベル(M)と私的なレベル(P)に分けたうえで、それぞれのレベルがさらにG、M、Pのレベルを抱え込んだ入れ子構造をなしているとする図式を提示したが（『空間の生産』青木書店、二〇〇〇、一三五―一三六頁）、この図式は日本の庭や路地などの空間秩序から敷衍されたものである。ルフェーヴルは日本での研究を経て、たとえ住宅などのような私的なレベルも、公共的なレベルや混合的なレベルに開かれた、スケールの重層性のなかで位置づける姿勢を確固たるものにしていった。

他方で、ルフェーヴルからの直接的なコメントではないが、二〇一一年三月一一日の東日本大震災という未曾有の「危機」に直面して、本書『都市への権利』は新たな意味を獲得したといえるだろう。ルフェーヴルが本書を通じて、都市を出会いや使用価値を獲得する場として捉えようとしたように、三・一一は、互いに見知らぬ者同士が暮らす都市において、独立した個人と個人がつながりうるコミュニティの場をいかに構築、維持するかという問題を再認識させた。三・一一が突きつけたもうひとつの問題は、福島の原発事故に象徴的なように、技術やインフラが抱えている多くの課題は地震以前から潜在しており、それらが私たちの日常生活を『当たり前』のものとして構成していたということである。この点に関しても、日常生活を自明のものとしてではなく、その背後にある国家の技術官僚主義や資本主義などの関係において批判的かつ重層的に考察しようとしたルフェーヴルの日常生活批判から学ぶべきところが多いだろう。

ルフェーヴルは、危機を、いずれ近いうちに終焉を迎える、困難な一時期としてではなく、日常生活の営みと表裏一体のものとして捉えた。そして現代は、経済、政治、倫理、価値体系などの危機が全面化しており、あらゆる物ごとの問い直しが迫られているという認識を示した。その一方で、危機が普遍性、全体性を帯びているからといって、それへの解決策や回答が普遍性、全体性を帯びるべきではなく、個別的かつ漸進的に対応せざるをえないと考えていた。ルフェーヴルであれば、震災復興の政策や計画が政治的道具として用いられ利権にからめとられてしまうメカニズムはもちろん、安易に「都市計画」を欲望してしまう私たちの心性こそを問いただしたであろう。

ルフェーヴルは危機を乗り越えるために、懐古主義的に過去に頼ることも、未来学に頼ることもしなかった。すなわち、後方への回帰でも前方への逃亡でもなく、いまここの「現在」へ問いを喚起し続けることによって、萌芽や潜在性の状態にある「都市社会」の可能的なる方向を照らし出そうとしたのだ。二度目の来日に際して、ルフェーヴルは「ニヒリズムを超えて――文明の危機とマルクス主義」と題した加藤晴久との対談(『世界』一九八二年三月号、岩波書店)の最後を、日本の読者へのメッセージとして、ニーチェの『ツァラトゥストラ』からの引用の言葉で締めくくっている。

世界は深い
世界の痛みは深い

だがもっと深いもの、それは
悦び、だ

本書は一九六九年七月二〇日、筑摩書房より刊行されたものである。

初版 古寺巡礼　和辻哲郎

不朽の名著には知られざる初版があった！　若き日の熱い情熱、みずみずしい感動は、本書のイメージを一新する発見に満ちている。（衣笠正晃）

初稿 倫理学　和辻哲郎　苅部直編

個の内面ではなく、人と人との「間柄」に倫理の本質を求めた和辻の人間学。主著へと至るその思考の軌跡を活き活きと明かす幻の名論考、復活。

反オブジェクト　隈研吾

自己中心的で威圧的な建築を批判したかった――思想史的な検討を通し、新たな可能性を探る。いま最も世界の注目を集める建築家の思考と実践！

錯乱のニューヨーク　レム・コールハース　鈴木圭介訳

過剰な建築的欲望が作り出したニューヨーク／マンハッタンを総合的・批判的にとらえる伝説の名著。本書を読まずして建築を語るなかれ！（磯崎新）

S, M, L, XL+　レム・コールハース　太田佳代子／渡辺佐智江訳

世界的建築家の代表作がついに！　伝説の書のコア・エッセイにその後の主要作を加えた日本版オリジナル編集。彼の思索のエッセンスが詰まった一冊。

東京都市計画物語　越澤明

関東大震災の復興事業から東京オリンピックに向けての都市改造まで、四〇年にわたる都市計画の展開と挫折をたどりつつ新たな問題を提起する。

新版大東京案内（上）　今和次郎編纂

昭和初年の東京の姿を、都市フィールドワークの先駆者が活写した名著。上巻には交通機関や官庁、デパート、盛り場、遊興、味覚などを収録。

グローバル・シティ　サスキア・サッセン　伊豫谷登士翁監訳　大井由紀／髙橋華生子訳

世界の経済活動は分散したのではない、特権的な大都市に集中したのだ。国民国家の枠組みを超えて発生する世界の新秩序と格差拡大を暴く衝撃の必読書。

東京の空間人類学　陣内秀信

東京、このふしぎな都市空間を深層から探り、明快に解読した定番本。基層の地形、江戸の記憶、近代の都市造形が、ここに甦る。図版多数。（川本三郎）

大名庭園　白幡洋三郎

小石川後楽園、浜離宮等の名園では、多種多様な社交が繰り広げられていた。競って造られた庭園の姿に迫りヨーロッパの宮殿とも比較。（尼﨑博正）

東京の地霊《ゲニウス・ロキ》　鈴木博之

日本橋室町、紀尾井町、上野の森……。その土地に堆積した数奇な歴史・固有の記憶を軸に、都内13カ所の土地を考察する「東京物語」。（藤森照信／石山修武）

空間の経験　イーフー・トゥアン　山本浩訳

人間にとって空間と場所とは何か？　それはどんな経験なのか？　基本的なモチーフを提示する空間論の必読図書。（A・ベルク／小松和彦）

個人空間の誕生　イーフー・トゥアン　阿部一訳

広間での雑居から個室住まいへ。回し食いから個々人用食器の成立へ。多様なかたちで起こった「空間の分節化」を通覧し、近代人の意識の発生をみる。

自然の家　フランク・ロイド・ライト　富岡義人訳

いかにして人間の住まいと自然は調和をとりうるか。建築家F・L・ライトの思想と美学が凝縮された名著を新訳。最新知見をもりこんだ解説付。

マルセイユのユニテ・ダビタシオン　ル・コルビュジエ　山名善之／戸田穣訳

近代建築の巨匠による集合住宅ユニテ・ダビタシオン。そこには住宅から都市まで、ル・コルビュジエの思想が集約されていた。充実の解説付。

都市への権利　アンリ・ルフェーヴル　森本和夫訳

都市現実は我々利用者のためにある！——産業化社会に抗するシチュアシオニスム運動の中、人間の主体性に基づく都市を提唱する。（南後由和）

場所の現象学　エドワード・レルフ　高野岳彦／阿部隆／石山美也子訳

〈没場所性〉が支配する現代において〈場所のセンス再生の可能性〉はあるのか。空間創出行為を実践的に理解しようとする社会的場所論の決定版。

シュルレアリスムとは何か　巖谷國士

20世紀初頭に現れたシュルレアリスム——美術・文学を縦横にへめぐりつつ「自動筆記」「メルヘン」「ユートピア」をテーマに自在に語る入門書。

卵のように軽やかに
エリック・サティ
秋山邦晴／岩佐鉄男編訳

音楽史から常にはみ出た異端者として扱われてきたサティとは何者？ 時にユーモラス、時にシニカルなエッセイ・詩を精選。（巻末エッセイ 高橋アキ）

湯女図
佐藤康宏

江戸の風呂屋に抱えられた娼婦たちを描く一枚のミステリアスな絵。失われた半分には何が描かれていたのか。謎に迫り、日本美術の読み解き方を学ぶ。

グレン・グールド 孤独のアリア
ミシェル・シュネデール
千葉文夫訳

鮮烈な衝撃を残して二〇世紀を駆け抜けた天才ピアニストの生と死と音楽を透明なタッチで描く、最もドラマティックなグールド論。（岡田敦子）

民藝の歴史
志賀直邦

モノだけでなく社会制度や経済活動にも美しさを求めた柳宗悦の民藝運動。「本当の世界」を求める若者達のよりどころとなった思想を、いま振り返る。

シェーンベルク音楽論選
アーノルト・シェーンベルク
上田昭訳

十二音技法を通して無調音楽へ――現代音楽への扉を開いた作曲家・理論家が、自らの技法・信念・つきあげる表現衝動に向きあう。（岡田暁生）

魔術的リアリズム
種村季弘

一九二〇年代ドイツに突然現れ、妖しい輝きを遺して消え去った「幻の芸術」の軌跡から、時代の肖像を鮮やかに浮かび上がらせる。（今泉文子）

20世紀美術
高階秀爾

混乱した二〇世紀の美術を鳥瞰し、近代以降、現代すなわち同時代の感覚が生み出した芸術が、われわれにとって持つ意味を探る。増補版、図版多数。

世紀末芸術
高階秀爾

伝統芸術から現代芸術へ。19世紀末の芸術運動には既に抽象芸術や幻想世界の探求が萌芽していた。新時代への美の冒険を捉える。（鶴岡真弓）

鏡と皮膚
谷川渥

「神話」という西洋美術のモチーフをめぐり、芸術の認識論的隠喩として二つの表層を論じる新しい身体論・美学。鷲田清一氏との対談収録。

バルトーク音楽論選
ベーラ・バルトーク
伊東信宏／太田峰夫訳
中・東欧やトルコの民俗音楽研究、同時代の作曲家についての批評など計15篇を収録。作曲家バルトークの多様な音楽活動に迫る文庫オリジナル選集。

古伊万里図鑑
秦　秀　雄
魯山人に星岡茶寮を任され柳宗悦の蒐集に一役買った稀代の目利き秦秀雄による究極の古伊万里鑑賞案内。限定五百部の稀覯本を文庫化。（勝見充男）

新編 脳の中の美術館
布　施　英　利
「見る」に徹する視覚と共感覚に訴える視覚。ヒトの二つの視知覚形式から美術作品を考察する、芸術論へのまったく新しい視座。（中村桂子）

秘密の動物誌
フォンクベルタ／フォルミゲーラ
荒俣宏監修
管啓次郎訳
光る象、多足蛇、水面直立魚――謎の失踪を遂げた動物学者によって発見された「新種の動物」とは。世界を騒然とさせた驚愕の書。（茂木健一郎）

ブーレーズ作曲家論選
ピエール・ブーレーズ
笠羽映子編訳
現代音楽の巨匠ブーレーズ。彼がバッハ、マーラー、ケージなど古今の名作曲家を個別に考察した音楽論14篇を集めたオリジナル編集。

図説　写真小史
ヴァルター・ベンヤミン
久保哲司編訳
写真の可能性と限界を考察し初期写真から同時代の作品まで通観した傑作エッセイ「写真小史」と、関連の写真図版・評論を編集。（金子隆一）

フランシス・ベイコン・インタヴュー
デイヴィッド・シルヴェスター
小　林　等　訳
二十世紀を代表する画家ベイコンが自身について語った貴重な対談録。制作過程や生い立ちのことなど。『肉への慈悲』の文庫化。（保坂健二朗）

花鳥・山水画を読み解く
宮　崎　法　子
中国絵画の二大分野、山水画と花鳥画。そこに託された人々の思いや夢とは何だったのか。豊饒な作品世界を第一人者が案内する。サントリー学芸賞受賞。

河鍋暁斎 暁斎百鬼画談
安村敏信監修・解説
幕末明治の天才画家・河鍋暁斎の遺作から、奇にして怪なる妖怪満載の全頁をカラーで収録、暁斎研究の第一人者の解説を付す。巻頭言＝小松和彦

リヒテルは語る
ユーリー・ボリソフ
宮澤淳一訳
20世紀最大の天才ピアニストの遺した芸術的創造力の横溢。音楽の心象風景、文学や美術、映画への連想がいきいきと語られる。「八月を想う貴人」を増補。

イタリア絵画史
ロベルト・ロンギ
和田忠彦／丹生谷貴志／柱本元彦訳
現代イタリアを代表する美術史家ロンギ。本書は絵画史の流れを大胆に論じ、若き日の文化人達に大きな影響を与えた伝説的講義録である。（岡田温司）

歌舞伎
渡辺保
伝統様式の中に、時代の美を投げ入れて生き続けてきた歌舞伎。その様式のキーワードを的確簡明に解説した、見巧者をめざす人のための入門書。

マニエリスム芸術論
若桑みどり
カトリック的世界像と封建体制の崩壊により、観念の転換を迫られた一六世紀。不穏な時代のイメージの創造と享受の意味をさぐる刺激的芸術論。

イメージを読む
若桑みどり
ミケランジェロのシスティーナ礼拝堂天井画、ダ・ヴィンチの「モナ・リザ」、名画に隠された思想や意味を鮮やかに読み解く楽しい美術史入門書。

イメージの歴史
若桑みどり
時代の精神を形作る様々な「イメージ」にアプローチし、ジェンダー的・ポストコロニアル的視点を盛り込みながらその真意をさぐる新しい美術史。

てつがくを着て、まちを歩こう
鷲田清一
規範から解き放たれ、日まぐるしく変遷するモードの世界に、常に変わらぬ肯定的眼差しを送りつづけてきた著者の軽やかなファッション考現学。

英文翻訳術
安西徹雄
大学受験生から翻訳家志望者まで。達意の訳文で知られる著者が、文法事項を的確に押さえ、短文を読みときながら伝授する、英文翻訳のコツ。

英語の発想
安西徹雄
直訳から意訳への変換ポイントは、根本的な発想の転換にこそ求められる。英語と日本語の感じ方、認識パターンの違いを明らかにする翻訳読本。

ちくま学芸文庫

都市《とし》への権利《けんり》

二〇一一年九月十日　第一刷発行
二〇二五年七月十日　第三刷発行

著者　アンリ・ルフェーヴル
訳者　森本和夫（もりもと・かずお）

発行者　増田健史
発行所　株式会社　筑摩書房
東京都台東区蔵前二―五―三　〒一一一―八七五五
電話番号　〇三―五六八七―二六〇一（代表）
装幀者　安野光雅
印刷所　信毎書籍印刷株式会社
製本所　株式会社積信堂

ISBN978-4-480-09376-9 C0110